מהדורות ונגרובסקי

Edición Wengrowsky

הגדה של פסח

HAGADÁ DE PESAJ

INTRODUCCIÓN Y COMENTARIOS DEL

Rabino Lord Jonathan Sacks

REDACCIÓN DEL TEXTO DE LA HAGADÁ:

Esther Toledano Boreda

TRADUCCIÓN DE LOS COMENTARIOS DE LA HAGADÁ:

Yerahmiel y Ethel Barylka

Hagadá de Pesaj
Introducción y comentarios del Rabino Lord Jonathan Sacks

Koren Publishers Jerusalem Ltd
POB 4044, Jerusalem 91040, ISRAEL
Tél : 972.2.633.0533 Fax : 972.2.633.0534
P.O. Box 8531, New Milford, CT 06776-8531, USA
www.korenpub.com

Redacción del texto de la Hagadá: Esther Toledano Boreda
Revisión del texto de la Hagadá: Yerahmiel y Ethel Barylka

Impreso en Israel

Libro de bolsillo: ISBN 978-965-7766-63-7

Dedicamos esta Hagadá con mucho amor a la memoria de

Aba Wengrowsky z'l

מרדכי שלמה בן נחום ז"ל

Padre, Seide, Hermano y Amigo ejemplar,
quien nos enseñó la importancia de la familia,
nos trazó un camino de Torá y de amor al prójimo.

Dejó una gran huella en nuestras vidas
y un recuerdo imborrable en nuestros corazones.

Agradecemos a Hashem por darnos la oportunidad
de asociar nuestro nombre a la Torá.

Sirva esta Hagadá para seguir uniendo familias
y fortaleciendo nuestras tradiciones.

Jacobo, Tammy, Raquel, Sofía y Daniel Wengrowsky

El Seder

La palabra *seder* significa "orden" y es central en el concepto judío de libertad. Nos convertimos en "socios de Dios en la obra de la Creación" cuando creamos un orden en la sociedad, un orden que honra a todas las personas como imagen de Dios. Si la presencia de Dios no se encuentra solo en raros momentos de éxtasis sino en las transacciones diarias de la sociedad en su conjunto, debe tener un *seder*, un conjunto de reglas que todos respetamos. El orden transforma a las personas en una comunidad y las comunidades en un pueblo. La noche del Seder refleja el orden que nos liga a otros judíos a través del mundo y a las generaciones anteriores.

Al mismo tiempo, el Seder deja lugar a la espontaneidad. No hay dos noches de Seder idénticas. Idealmente, cada familia, cada año, agrega nuevas ideas a medida que reflexionamos sobre nuestro nacimiento como pueblo y lo relacionamos con el presente.

"Cuanto más relatamos... más merece ser elogiado". Pesaj es un buen ejemplo del contrapunto judío entre estructura y espontaneidad. Todos nosotros contamos la misma historia con las mismas palabras, pero cada uno agrega algo particularmente propio. Las reglas son las mismas, pero los comentarios e interpretaciones son siempre diferentes. Así es como una vieja historia permanece joven.

EL PLATO DEL SEDER

En la antigüedad, los participantes del Seder solían recostarse sobre divanes, y cada uno tenía una mesa. Hoy en día, aunque todavía nos reclinamos para beber el vino, comer la matzá y narrar la historia, agrupamos los ingredientes del Seder en un solo plato, a menudo fabricado y decorado especialmente para la ocasión.

Sus elementos son:

1. *Matzá:* tres matzot, representando la doble porción de pan que siempre se come en Shabat y días festivos, junto con una tercera para representar el deber especial de comer matzá esta noche
2. *Zeroa:* un hueso asado, que recuerda a la ofrenda pascual. El hueso mismo simboliza el "brazo extendido" con el que Dios salvó a los israelitas.
3. *Beitzá:* un huevo cocido duro asado levemente, que nos recuerda a la ofrenda Jaguigá, la otra ofrenda festiva que se come en Pesaj.
4. *Maror:* hierbas amargas que recuerdan la amargura de la esclavitud en Egipto. Hoy en día, generalmente toma dos formas. (a) En la época de la Mishná, la comida consumida como maror era generalmente lechuga (*jazeret*). Aunque no siempre es amarga para nuestros paladares, la lechuga comienza siendo dulce y termina volviéndose amarga y dura. Esto personifica la experiencia de los israelitas en Egipto. Generalmente se usa la lechuga romana. (b) La otra forma, el rábano picante (*Armoracia rusticana*), era la hierba amarga disponible más fácilmente en Europa Oriental. Algunos están acostumbrados a colocar ambos en el plato del Seder, comiéndolos en combinación o usando la lechuga para el primer maror y rábano picante para el sándwich de matzá.
5. *Jaroset:* una mezcla de frutas y especias en la que se sumerge el maror. El uso de *jaroset* en Pesaj se remonta a la época de la Mishná, pero como es una costumbre y no una prescripción, no decimos una bendición por ella. El *jaroset* tiene dos razones. Recuerda la argamasa, con la que los israelitas fabricaban ladrillos cuando eran esclavos. Pero también recuerda el versículo del Cantar de los Cantares (8:5), "Debajo del manzano te desperté", que los sabios aplicaron al amor entre Dios e Israel que condujo a la redención. Así, se acostumbraba preparar *jaroset* con las diversas frutas mencionadas en el Cantar de los Cantares: manzanas, granadas, higos, nueces y dátiles, así como especias molidas (la canela y el jengibre son los más comunes), que rememoran la molienda de paja en aquellos días. Se agrega vino a la mezcla hasta que tenga la consistencia de la argamasa.

6. *Carpás:* el vegetal que sumergimos en agua salada al comienzo del Seder para despertar la curiosidad de los niños. Originalmente se usaba el apio, pero otras comunidades usaron en diferentes momentos otros vegetales.
7. *Agua salada* – en la que se sumerge el carpás, recordando las lágrimas de los israelitas en Egipto.

EL ORDEN

Debemos al rabino y tosafista francés Shmuel ben Solomon de Falaise (sabio de la escuela de Rashí, de los siglos XII a XIII), el compendio de quince palabras del servicio del Seder:

1. *Kadesh* – la recitación de Kidush
2. *Urjatz* – lavado de manos antes del carpás
3. *Carpás* – ingesta de un vegetal sumergido en agua salada
4. *Yajatz* – división de la matzá del medio
5. *Maguid* – relato de la historia del Éxodo, en respuesta a las preguntas realizadas por un niño
6. *Rajtzá* – lavado de las manos antes de la comida
7. *Motzí* – la bendición por la comida
8. *Matzá* – la bendición especial sobre la matzá
9. *Maror* – ingesta de las hierbas amargas
10. *Corej* – (literalmente, envolviendo) el sándwich de matzá y maror
11. *Shulján Orej* – la "mesa puesta", para la comida
12. *Tzafún* – la matzá "oculta", o Aficomán, el último alimento a consumirse en la noche.
13. *Barej* – bendición de gracias después de la comida
14. *Halel* – concluyendo con el Halel junto con otros textos de alabanza
15. *Nirtzá* – oración de despedida para que nuestro Seder sea aceptado por Dios y sea el comienzo de la futura redención.

Estas quince etapas son el eco de otras "quince", los quince titulados "Salmos Graduales", los quince pasos entre el Patio de la Mujeres y el Patio de los Israelitas en el que los levitas en los tiempos del Templo, se detenían y cantaban alabanzas, y las quince ocasiones en las que Dios con su bondad favoreció al pueblo de Israel, tal como se relatan en la canción *Dayeinu.*

PESAJ Y EL HOGAR

No es una casualidad que este, el más antiguo de los rituales judíos, tenga lugar, como ocurrió en Egipto, en el hogar. El judaísmo atribuye una inmensa importancia a la familia. El Libro del Génesis está completamente dedicado a familias: Adán y Eva, Noé y su familia, Abraham y Sara, Isaac y Rebeca, Jacob, Raquel y Lea, y sus hijos. La familia es el lugar de nacimiento de una sociedad libre. Es donde aprendemos la reciprocidad de la que depende la vida moral. Es donde, compartiendo nuestras vulnerabilidades, descubrimos fortaleza. A través de los lazos que crea, aprendemos el *jesed*, el deber que fluye del amor. Sobre todo, es donde aprendemos *quiénes somos*, de dónde venimos y cuál es nuestra historia.

Significativamente, en el único lugar donde la Torá explica por qué Abraham fue elegido para llevar la promesa del pacto, la razón se da en términos de paternidad: "Y Yo lo he escogido para que instruya a sus hijos y a su casa después de él que guarden el camino del Señor, haciendo justicia y juicio" (Gén. 18:19). Abraham fue elegido con el fin de ser padre. También fue elegido para ser educador. Los dos conceptos, tan diferentes en muchas sociedades, incluida la nuestra, son inseparables en el judaísmo.

La paternidad y la maternidad son dos fenómenos distintos, y el judaísmo otorga igual importancia a ambos. La identidad biológica de un niño como parte del pueblo judío deriva de su madre. La palabra hebrea para compasión, *rajamim*, deriva de *rejem*, útero. Una madre, más que un padre, está ligada a un hijo a través del amor incondicional.

La paternidad, por el contrario, es una construcción social. Pertenece a la cultura más que a la naturaleza. Hay animales, incluidos primates, genéticamente cercanos a los seres humanos, en los que los padres ni siquiera reconocen a sus hijos después de unos meses. La paternidad, como la fidelidad, no es una constante en todas las culturas. El desafío supremo de cualquier civilización, dijo la antropóloga Margaret Mead, es socializar a los hombres y convencerlos a que inviertan sus energías en el hogar, la familia y los niños.

Este fue uno de los mayores logros del judaísmo a través de los siglos. La palabra hebrea para masculino, *zajar*, está estrechamente relacionada con la palabra memoria, *zajor*. Es tarea de los padres entregar a sus hijos las memorias del pasado. Porque estamos vinculados al pasado, no solo biológicamente sino también culturalmente, a través de los relatos que contamos y la historia que relatamos (ver "Historia y Memoria"). Eso es lo que hacemos en Pesaj. Así, Pesaj, la fiesta de la memoria judía, se celebra en el hogar, el lugar de nacimiento de la memoria.

Las familias son una fuente de inmensa fuerza, pero también pueden ser fuente de estrechez, nepotismo e indiferencia hacia el mundo exterior. Existe un conflicto potencial entre la familia y los asuntos más amplios necesarios para construir una sociedad de justicia y compasión. Por esta razón, un hogar judío siempre debe estar abierto a los hambrientos, a quienes están solos y a los visitantes. Abraham y Sara, esperando debajo de su tienda de campaña para proporcionar comida y refugio a los transeúntes, son un símbolo duradero de este valor judío. "La hospitalidad" dijeron los sabios, "es superior a dar la bienvenida a la Presencia Divina" (Shabat 127a). La letra hebrea *bet*, cuyo nombre también significa "casa", está abierta en un lado para mostrar que un hogar judío siempre debe estar abierto a los necesitados. Así, la noche del Seder comienza con una invitación: "todo quien tenga hambre que venga y coma". De hecho, en todos los tiempos, los judíos que celebraban Pesaj buscaban invitados mucho antes del comienzo de la comida. La invitación en esta etapa es sencillamente para recordarnos que existe una sociedad libre solo cuando las familias comparten su calidez con los demás.

הגדה של פסח

LA HAGADÁ DE PESAJ

BÚSQUEDA DEL JAMETZ

En el 13 del mes de nisán (si Pesaj cae en Shabat el 12 de nisán) al anochecer después de la plegaria Maariv se busca el jametz a la luz de una vela.

Antes de la busca se bendice:

בָּרוּךְ Bendito Seas Tú, Señor, nuestro Dios, Rey del Universo,
que nos consagraste con Tus preceptos
y nos ordenaste la eliminación del jametz.

Después de la búsqueda se dice:

כָּל חֲמִירָא Toda levadura o cualquier producto leudado
que se encuentre en mi posesión,
que yo no haya visto ni eliminado
y de cuya existencia no tenga conocimiento,
sea considerado nulo y como sin dueño, al igual que el polvo de la tierra.

QUEMA DEL JAMETZ

En la víspera de Pesaj en la mañana, a la quinta hora estacional, se quema el jametz y se dice:

כָּל חֲמִירָא Toda levadura o cualquier producto leudado
que se encuentre en mi posesión que yo lo haya visto o no,
que lo haya observado o no, que lo haya eliminado o no,
que sea considerado nulo y como sin dueño,
al igual que el polvo de la tierra.

ERUV TAVSHILIN (MEZCLA DE COMIDAS PREPARADAS)

Si la víspera de Pesaj, acaece en la diáspora en miércoles se hace Eruv Tavshilin, tomando una matzá y un alimento cocido y se dice:

בָּרוּךְ Bendito Seas Tú, Señor, nuestro Dios, Rey del Universo,
que nos consagraste con Tus preceptos
y nos ordenaste el precepto del Eruv

Por medio del Eruv, tendremos permitido
hornear, cocinar, mantener caliente la comida,
encender una vela preparar y hacer en la Festividad
todo lo necesario para el Shabat,
nosotros y todos los israelitas que residen en esta ciudad.

בדיקת חמץ

En el 13 del mes de nisán (si Pesaj cae en שבת *el 12 de nisán) al anochecer después de la plegaria* מעריב *se busca el* חמץ *a la luz de una vela.*

Antes de la busca se bendice:

בָּרוּךְ אַתָּה יהוה אֱלֹהֵינוּ מֶלֶךְ הָעוֹלָם
אֲשֶׁר קִדְּשָׁנוּ בְּמִצְוֹתָיו וְצִוָּנוּ עַל בִּעוּר חָמֵץ.

Después de la búsqueda se dice:

כָּל חֲמִירָא וַחֲמִיעָא דְּאִכָּא בִרְשׁוּתִי, דְּלָא חֲמִתֵּהּ וּדְלָא בִעַרְתֵּהּ
לִבְטִיל וְלֶהֱוֵי הֶפְקֵר כְּעַפְרָא דְאַרְעָא.

ביעור חמץ

En la víspera de פסח *en la mañana, a la quinta hora estacional, se quema el* חמץ *y se dice:*

כָּל חֲמִירָא וַחֲמִיעָא דְּאִכָּא בִרְשׁוּתִי, דַּחֲמִתֵּהּ וּדְלָא חֲמִתֵּהּ
דְּבִעַרְתֵּהּ וּדְלָא בִעַרְתֵּהּ, לִבְטִיל וְלֶהֱוֵי הֶפְקֵר כְּעַפְרָא דְאַרְעָא.

עירוב תבשילין

Si la víspera de פסח*, acaece en la diáspora en miércoles se hace* עירוב תבשילין*, tomando una matzá y un alimento cocido y se dice:*

בָּרוּךְ אַתָּה יהוה אֱלֹהֵינוּ מֶלֶךְ הָעוֹלָם
אֲשֶׁר קִדְּשָׁנוּ בְּמִצְוֹתָיו וְצִוָּנוּ עַל מִצְוַת עֵרוּב.

בְּדֵין עֵרוּבָא יְהֵא שָׁרֵא לָנָא
לְמֵיפֵא וּלְבַשָּׁלָא וּלְאַטְמָנָא וּלְאַדְלָקָא שְׁרָגָא
וּלְמֶעְבַּד כָּל צָרְכָּנָא מִיּוֹמָא טָבָא לְשַׁבַּתָּא
לָנוּ וּלְכָל יִשְׂרָאֵל הַדָּרִים בָּעִיר הַזֹּאת.

קדש		KIDUSH
ורחץ		LAVADO
כרפס		CARPÁS
יחץ		DIVISIÓN DE LA MATZÁ
מגיד		RELATO
רחצה		LAVADO
מוציא מצה		MOTZÍ MATZÁ
מרור		HIERBAS AMARGAS
כורך		BOCADILLO
שלחן עורך		MESA SERVIDA
צפון		OCULTANDO
ברך		BENDICIÓN
הלל		AGRADECIENDO
נרצה		DESPEDIDA

KADESH / KIDUSH

Se sirve la primera copa de vino. Se eleva la copa con la mano derecha y se dice lo siguiente:

En Shabat se agrega:

Silenciosamente: Y fue la tarde y fue la mañana *Gén. 1*
יוֹם הַשִּׁשִּׁי El sexto día:
Terminaron de ser creados los cielos y la tierra, *Gén. 2*
y todas sus huestes.
Y terminó Dios en el séptimo día toda creación que hizo.
Y bendijo Dios el séptimo día, y lo consagró,
porque en él reposó de toda Su obra,
que había creado Dios para hacer.

En el resto de los días el Kidush comienza aquí:

Cuando dice el Kidush para otros

Atención señores

Bendito Seas Tú, Señor, nuestro Dios, Rey del Universo,
que creas el fruto de la vid.

---

valorar el tiempo y hacerlo sagrado. "Enséñanos a contar de tal modo nuestros días, que traigamos al corazón sabiduría" (Sal. 90:12).

CUANDO PESAJ CAE EN SHABAT

Las dos formas de santidad: Shabat y las fiestas, son diferentes. Shabat representa la creación. Las festividades simbolizan la redención. Shabat trata de la presencia de Dios en la naturaleza. Las festividades sobre la presencia de Dios en la historia. En consecuencia, Shabat fue santificado por Dios mismo en la culminación de la creación. "Y bendijo Dios el séptimo día y lo santificó" (Gén. 2:3). Las fiestas, por el contrario, son santificadas por el pueblo judío a través de su determinación del calendario, del mismo modo como la redención tiene lugar en la historia cuando actuamos en sociedad con Dios. Así, en Shabat terminamos el Kidush diciendo *Mekadesh HaShabat*, significando que es Dios quien santifica el Shabat; pero en las fiestas decimos *Mekadesh Israel vehazmanim*, que significa que: "Dios santifica a Israel, e Israel a su vez santifica el tiempo". Shabat es santo "de arriba hacia abajo". Los días de fiesta tienen santidad "de abajo hacia arriba".

◂ Cuando

קדש

Se sirve la primera copa de vino. Se eleva la copa con la mano derecha y se dice lo siguiente:

En שבת *se agrega:*

בראשית א *Silenciosamente:* וַיְהִי־עֶרֶב וַיְהִי־בֹקֶר

יוֹם הַשִּׁשִּׁי:

בראשית ב וַיְכֻלּוּ הַשָּׁמַיִם וְהָאָרֶץ וְכָל־צְבָאָם:

וַיְכַל אֱלֹהִים בַּיּוֹם הַשְּׁבִיעִי מְלַאכְתּוֹ אֲשֶׁר עָשָׂה

וַיִּשְׁבֹּת בַּיּוֹם הַשְּׁבִיעִי מִכָּל־מְלַאכְתּוֹ אֲשֶׁר עָשָׂה:

וַיְבָרֶךְ אֱלֹהִים אֶת־יוֹם הַשְּׁבִיעִי, וַיְקַדֵּשׁ אֹתוֹ

כִּי בוֹ שָׁבַת מִכָּל־מְלַאכְתּוֹ, אֲשֶׁר־בָּרָא אֱלֹהִים, לַעֲשׂוֹת:

En el resto de los días el קידוש *comienza aquí:*

Cuando dice el קידוש *para otros*

סברי מרנן

בָּרוּךְ אַתָּה יהוה אֱלֹהֵינוּ מֶלֶךְ הָעוֹלָם, בּוֹרֵא פְּרִי הַגָּפֶן.

KADESH/KIDUSH

Comenzamos el Seder con el acto formal de santificar el día. El Kidush de esta noche es el mismo que para otras festividades. Sin embargo, el Kidush como tal, tiene una conexión especial con Pesaj, ya que la orden de establecer el calendario fue dada por primera vez a los israelitas en Egipto antes del Éxodo: "Este mes será para ustedes el principio de los meses. Será el primer mes del año para ustedes" (Éx. 12:2). Este fue el primer precepto dado a Israel como pueblo.

El rabino Avraham Pam lo explicó de la siguiente manera: la diferencia entre un esclavo y un ser humano libre no radica en la duración o la dificultad del trabajo de cada uno. Las personas libres a menudo trabajan largas horas en tareas arduas. La diferencia reside en quién controla el tiempo. Un esclavo trabaja hasta que se le permite detenerse. Una persona libre decide cuándo comenzar y cuando concluir. El control del tiempo es la diferencia esencial entre la esclavitud y la libertad. El control del calendario dio a los israelitas el poder de determinar cuándo cae la neomenia, por lo tanto, cuándo tienen lugar las fiestas. Les fue otorgada la autoridad sobre el tiempo. El primer mandamiento dirigido a los israelitas fue, por lo tanto, un preludio esencial de la libertad. Aprender a

En Shabat se agregan las palabras que están entre paréntesis

בָּרוּךְ Bendito Seas Tú, SEÑOR, nuestro Dios,
Rey del Universo,
que nos escogiste entre todos los pueblos
y nos realzaste sobre todas las lenguas,
y nos consagraste con Tus preceptos;
y nos diste,
SEÑOR, nuestro Dios, con amor
(Shabatot para el descanso y)
festividades para alegría;
fiestas y celebraciones de regocijo;
(este día de Shabat y)
este día de la fiesta de los panes ázimos;
y este día festivo proclamado sagrado,
conmemoración de nuestra libertad,
(con amor) sagrada convocación,
en recuerdo del Éxodo de Egipto.
Pues nos escogiste
y nos consagraste
entre todos los pueblos;
(y Shabatot) y Tus sagradas festividades
(con amor y voluntad) con alegría y regocijo
nos hiciste heredar.
Bendito Seas Tú, SEÑOR,
que santificas (al Shabat) a Israel y a las festividades.

QUE NOS ESCOGISTE ENTRE TODOS LOS PUEBLOS Y NOS REALZASTE SOBRE TODAS LAS LENGUAS, Y NOS CONSAGRASTE CON TUS PRECEPTOS. *La elección no es un privilegio* sino una responsabilidad. Los judíos son diferentes, no por lo que somos sino por lo que estamos llamados a ser: no por el *hardware* del pueblo judío, sino por el *software*. Dios nos eligió no por una superioridad innata, sino para "consagrarnos con Sus mandamientos". Cuando somos fieles a esa vocación, traemos bendición no solo para nosotros sino para el mundo.

En שבת se agregan las palabras que están entre paréntesis:

El programa de la noche se anuncia de antemano con estas palabras:

בָּרוּךְ אַתָּה יהוה אֱלֹהֵינוּ מֶלֶךְ הָעוֹלָם, אֲשֶׁר בָּחַר
בָּנוּ מִכָּל עָם, וְרוֹמְמָנוּ מִכָּל לָשׁוֹן, וְקִדְּשָׁנוּ בְּמִצְוֹתָיו
וַתִּתֶּן לָנוּ יהוה אֱלֹהֵינוּ בְּאַהֲבָה (שַׁבָּתוֹת לִמְנוּחָה
וּ)מוֹעֲדִים לְשִׂמְחָה, חַגִּים וּזְמַנִּים לְשָׂשׂוֹן, אֶת
יוֹם (הַשַּׁבָּת הַזֶּה וְאֶת יוֹם) חַג הַמַּצּוֹת הַזֶּה
זְמַן חֵרוּתֵנוּ (בְּאַהֲבָה) מִקְרָא קֹדֶשׁ
זֵכֶר לִיצִיאַת מִצְרָיִם, כִּי בָנוּ
בָחַרְתָּ וְאוֹתָנוּ קִדַּשְׁתָּ
מִכָּל הָעַמִּים, (וְשַׁבָּת)
וּמוֹעֲדֵי קָדְשֶׁךָ
(בְּאַהֲבָה וּבְרָצוֹן)
בְּשִׂמְחָה וּבְשָׂשׂוֹן הִנְחַלְתָּנוּ.
בָּרוּךְ אַתָּה יהוה, מְקַדֵּשׁ (הַשַּׁבָּת וְ)יִשְׂרָאֵל וְהַזְּמַנִּים.

Cuando Yom Tov cae en Shabat, Shabat tiene prioridad. Esto se debe a que la santidad de Shabat es de un orden superior. Sus prohibiciones son más amplias y las sanciones por su violación son más severas. La primacía de Shabat ejemplifica la regla general del judaísmo que “Cuando una práctica frecuente coincide con una práctica poco frecuente, la práctica frecuente tiene prioridad sobre la práctica poco usual” (*Berajot* 51b). Esto en sí mismo es una expresión de los valores judíos. En muchas religiones, el sentido de la santidad y de la espiritualidad pertenece a momentos inusuales y excepcionales. En el judaísmo, lo sagrado es la textura de la vida cotidiana misma. El judaísmo no es poesía sino prosa. Es el drama religioso de los actos, de las palabras y de las relaciones cotidianas. Dios no está lejos, sino en el aquí y ahora, si creamos un espacio en nuestros corazones para Su presencia.

Si es Motzaei Shabat de noche se agrega el párrafo siguiente:

בָּרוּךְ Bendito Seas, Tú, Señor, nuestro Dios,
Rey del Universo,
que creas las lumbreras del fuego.

Bendito Seas Tú, Señor, nuestro Dios, Rey del Universo,
que distingues entre lo consagrado y lo profano,
entre la luz y la oscuridad,
entre Israel y los demás pueblos,
entre el séptimo día y los seis días de la Creación;
entre la consagración del Shabat
y la del día festivo
has distinguido,
y al séptimo día has consagrado
entre los seis días de la Creación;
y diferenciaste y consagraste
a Tu pueblo con Tu consagración.
Bendito Seas Tú, Señor,
que distingues entre lo sagrado y lo sagrado.

Bendito Seas Tú, Señor, nuestro Dios,
Rey del Universo,
que nos preservaste,
nos mantuviste en vida
y nos permitiste llegar a este tiempo.

Se bebe reclinado hacia la izquierda.

URJATZ / LAVADO DE MANOS

Se le trae agua al conductor del Seder.
Los participantes se lavan las manos, sin recitar la bendición.

---

carpás que se sumerge en líquido. Para marcar la diferencia entre este lavado, que es solo una costumbre, del lavado de antes de la ingesta del pan, que es obligatorio, no decimos ninguna bendición.

Si es מוצאי שבת se agrega el párrafo siguiente:

בָּרוּךְ אַתָּה יהוה אֱלֹהֵינוּ מֶלֶךְ הָעוֹלָם
בּוֹרֵא מְאוֹרֵי הָאֵשׁ.

בָּרוּךְ אַתָּה יהוה אֱלֹהֵינוּ מֶלֶךְ הָעוֹלָם
הַמַּבְדִּיל בֵּין קֹדֶשׁ לְחֹל
בֵּין אוֹר לְחֹשֶׁךְ
בֵּין יִשְׂרָאֵל לָעַמִּים
בֵּין יוֹם הַשְּׁבִיעִי לְשֵׁשֶׁת יְמֵי הַמַּעֲשֶׂה
בֵּין קְדֻשַּׁת שַׁבָּת לִקְדֻשַּׁת יוֹם טוֹב הִבְדַּלְתָּ
וְאֶת יוֹם הַשְּׁבִיעִי מִשֵּׁשֶׁת יְמֵי הַמַּעֲשֶׂה קִדַּשְׁתָּ
הִבְדַּלְתָּ וְקִדַּשְׁתָּ אֶת עַמְּךָ יִשְׂרָאֵל בִּקְדֻשָּׁתֶךָ.
בָּרוּךְ אַתָּה יהוה הַמַּבְדִּיל בֵּין קֹדֶשׁ לְקֹדֶשׁ.

בָּרוּךְ אַתָּה יהוה אֱלֹהֵינוּ מֶלֶךְ הָעוֹלָם
שֶׁהֶחֱיָנוּ וְקִיְּמָנוּ וְהִגִּיעָנוּ
לַזְּמַן הַזֶּה.

Se bebe reclinado hacia la izquierda.

ורחץ

Se le trae agua al conductor del Seder.
Los participantes se lavan las manos, sin recitar la bendición.

URJATZ / LAVADO DE MANOS

En los tiempos de la Mishná, muchas personas eran cuidadosas en el lavado de manos antes de ingerir alimentos húmedos. En nuestros días no se guarda esta costumbre excepto en la noche del Seder, cuando se realiza para la ingesta del

CARPÁS

Una pequeña cantidad de apio, lechuga, papas o perejil se sumerge en agua salada.
Se dice lo siguiente, con la intención de incluir el maror en la bendición:

בָּרוּךְ Bendito Seas Tú, Señor,
nuestro Dios, Rey del Universo,
que creas el fruto de la tierra.

Se come sin reclinarse.

YAJATZ / DIVISIÓN DE LA MATZÁ

Se parte en dos la matzá del medio y se esconde una de las mitades, que se empleará después como 'aficomán' para terminar la cena.
La otra mitad se coloca entre las dos matzot enteras

---

jaroset dulce, eliminando así parte de su amargura. Estos dos actos nos recuerdan que la libertad, que es dulce, se vuelve agria cuando la usamos para maltratar a los demás. La esclavitud, que es amarga, se endulza cuando el sufrimiento colectivo se transforma en solidaridad humana, y así, en un preludio de la libertad.

YAJATZ / LA DIVISIÓN DE LA MATZÁ DEL MEDIO

De las tres matzot, la superior y la inferior representan el *lejem mishné*, la doble porción de maná que caía en el desierto antes de los shabatot y las festividades para que los israelitas no tuvieran que recoger comida en el día santo. La tercera, la matzá intermedia, representa el deber especial de comer pan sin levadura en Pesaj.

Hay dos razones por las que la dividimos por la mitad. La primera es que se describe como "el pan de la opresión" o, como lo sabían los sabios, "el pan de los pobres". Aquel que es tan pobre que no sabe de dónde vendrá su próxima comida, no come su pan de una sola vez. Lo divide en dos, guardando la mitad para más tarde.

El segundo es que, con la destrucción del Templo, la matzá toma el lugar de la ofrenda pascual. Así como ese cordero se comía al final de la comida, como un alimento sagrado, y no solo para saciar el hambre, así reservamos la mitad de esa matzá (el *aficomán*) para comer al final de la comida. La costumbre de que los niños oculten al *aficomán* es parte del espíritu del Seder, que contiene muchos elementos diseñados para atraer y mantener el interés de los niños.

No obstante, también hay un tercer significado para partir la matzá del medio.

◄ La matzá

כרפס

Una pequeña cantidad de apio, lechuga, papas o perejil se sumerge en agua salada.
Se dice lo siguiente, con la intención de incluir el maror en la bendición:

בָּרוּךְ אַתָּה יהוה
אֱלֹהֵינוּ מֶלֶךְ הָעוֹלָם
בּוֹרֵא פְּרִי הָאֲדָמָה.

Se come sin reclinarse.

יחץ

Se parte en dos la מצה *del medio*
y se esconde una de las mitades,
que se empleará después como אפיקומן *para terminar la cena.*
La otra mitad se coloca entre las dos מצות *enteras.*

CARPÁS

Embeber carpás en agua salada o en vinagre es una de las cosas que hacemos en la noche del Seder para estimular la curiosidad de los niños para que pregunten: "¿Qué diferencia hay entre esta noche y todas las demás?". Es uno de los dos actos mencionados en la pregunta "Todas las noches no sumergimos ningún alimento ni siquiera una sola vez, ¿y esta noche dos veces?". La otra, justo antes de la comida, es la inmersión de maror en *jaroset.*

Hay un significado simbólico en estos dos actos. El Éxodo comenzó y terminó con actos de sumersión. Inició cuando los hermanos de Yosef lo vendieron como esclavo. "Entonces tomaron la túnica de Yosef y mataron un macho cabrío, y, empaparon la túnica [sumergiéndola] en la sangre" (Gén. 37:31) y se la llevaron a Jacob para convencerlo de que Yosef había sido atacado y asesinado por un animal salvaje. La venta de Yosef como esclavo en Egipto fue el comienzo del largo proceso a través del cual toda la familia de Jacob se trasladó a Egipto, convirtiéndose finalmente en esclavos.

El exilio terminó cuando los israelitas tomaron "un manojo de hisopo", y lo mojaron en la sangre de la ofrenda pascual, y untaron con ella el dintel y los dos postes de la puerta (ver Éx. 12:22). Dios "pasó por alto" sobre estas casas durante la plaga final, después de la cual salieron libres.

Las dos inmersiones recuerdan estos eventos. El carpás, en sí dulce, se sumerge en sal y se vuelve acre. El maror, en sí mismo amargo, se sumerge en el

MAGUID / RELATO

Durante la recitación de este párrafo se alza la Keará (el plato del Seder) y se descubren las matzot.

הָא לַחְמָא עַנְיָא

ESTE

ES EL PAN DE LA AFLICCIÓN

que comieron nuestros padres
en la tierra de Egipto.
Todo el que tenga hambre
que venga y coma,
y todo necesitado
que venga y festeje Pesaj.

---

conoce como la Hagadá debido al versículo "Y le dirás (*vehigadta*) a tu hijo ese día: '[hago esto] por lo que el SEÑOR hizo por mí cuando me sacó de Egipto" (Éx. 13:8). Sin embargo, la palabra hagadá deriva de un verbo que también significa "unir", "enlazar", "conectar". El relato del Éxodo es más que una historia acerca de cosas que pasaron hace mucho tiempo. Enlaza el presente con el futuro. Conecta una generación con la otra. Nos une a nuestros hijos. La continuidad judía significa que cada generación sucesiva se compromete a continuar el relato. Nuestro pasado vive en nosotros.

ESTE ES EL PAN DE LA AFLICCIÓN

Es una invitación extraña: "Este es el pan de la aflicción que comieron nuestros padres en la tierra de Egipto. Todo el que tenga hambre que venga y coma". ¿Qué cobijo es ofrecer a quienes tienen hambre degustar el pan del sufrimiento?

En realidad, es una apreciación profunda de la naturaleza de la esclavitud y la libertad. Como se dijo, la matzá representa dos cosas: la comida de los esclavos, así como el pan consumido por los israelitas cuando salieron de Egipto

◂ en libertad

מגיד

Durante la recitación de este párrafo se alza la קערה *(el plato del Seder) y se descubren las* מצות.

La matzá representa dos ideas figuradamente contradictorias. Al comienzo del Seder nosotros lo describimos como "este es el pan de la aflicción que comieron nuestros padres en la tierra de Egipto". Ibn Ezra explica que a los esclavos se les dio pan sin levadura porque al ser más duro tardaba más en ser digerido. Suprime el hambre por más tiempo que el pan común. Más adelante en el Seder, lo describimos como el pan que comieron los israelitas cuando salieron de Egipto, demasiado apresurados para permitir que la masa leudara. Dividimos la matzá para mostrar que tiene dos simbolismos. Al comienzo del Seder, es el pan de la opresión. Más tarde, una vez que hemos revivido el Éxodo, se convierte en el pan de la libertad. La diferencia entre libertad y esclavitud no radica en la calidad del pan que consumimos, sino en el estado mental con el que lo comemos.

MAGUID / RELATO

Este es el comienzo de la narrativa del Seder, conocido como Maguid, de la palabra *hagadá,* "contar", "referir", "declarar", "proclamar". La historia del Éxodo se

Este año aquí,
el año venidero en la tierra de Israel.
Este año somos esclavos,
el próximo año seremos libres.

---

necesitados y acompañando a los que están solos, traemos libertad al mundo y con la libertad, a Dios.

ESTE AÑO AQUÍ, EL AÑO VENIDERO EN LA TIERRA DE ISRAEL

En el preciso instante que nos reunimos para recordar el pasado, hablamos del futuro. El Seder reúne las tres dimensiones del tiempo. Antes de la comida, contamos la historia de la redención, en el pasado. Durante la comida, la vivimos en el presente. Después de la comida, cuando concluimos el Halel y decimos: "El año que viene, en Jerusalén reconstruida", esperamos la llegada de la redención futura. Lo que distingue el tiempo judío es que vivimos el presente no como un momento aislado, sino como un eslabón en una cadena que conecta el pasado y el futuro. El hecho mismo de que fueron liberados en la época de Moisés les dio a nuestros antepasados la certeza de que serían liberados nuevamente. El pueblo judío retornaría a la tierra de Israel. Aquí vemos uno de los instintos más profundos del espíritu judío: la memoria es la guardiana de la esperanza. Los que olvidan el pasado se convierten en prisioneros del presente. Los que recuerdan el pasado tienen fe en el futuro. Podemos confrontarlo sin miedo, porque ya hemos estado allí.

ESTE AÑO SOMOS ESCLAVOS; EL PRÓXIMO AÑO SEREMOS LIBRES

En hebreo hay dos palabras para libertad: jofesh y jerut. Jofesh es "la libertad de". *Jerut* es "la libertad hacia". *Jofesh* es lo que el esclavo adquiere cuando se libera de la esclavitud. Él o ella es libre de estar sujeto a la voluntad de otra persona. Pero este tipo de libertad no es suficiente para crear una sociedad libre. Un mundo en el que todos son libres de hacer lo que deseen comienza en la anarquía y termina en la tiranía. Es por eso que *jofesh* es solo el comienzo de la libertad, no su destino final. *Jerut* es la libertad colectiva, una sociedad en la que mi libertad respeta la tuya. Una sociedad libre es siempre una hazaña moral. Se basa en el autocontrol de uno mismo y el respeto por los demás. El objetivo de la Torá es dar forma a una sociedad sobre los cimientos de la justicia y la compasión, los cuales dependen ambos del reconocimiento de la soberanía de Dios y la integridad de la creación. Por lo tanto, decimos: "El año que viene seremos *benei jorin* – libres", invocando *jerut,* no *jofesh.* Esta afirmación es una aspiración: "Que seamos libres de una manera que honre la libertad de todos".

הָשַׁתָּא הָכָא
לַשָּׁנָה הַבָּאָה בְּאַרְעָא דְיִשְׂרָאֵל
הָשַׁתָּא עַבְדֵי
לַשָּׁנָה הַבָּאָה בְּנֵי חוֹרִין.

---

en libertad. Lo que convierte el pan de la aflicción en el pan de la libertad es el deseo de compartirlo con los demás.

Primo Levi sobrevivió a Auschwitz. En su libro "Si esto es un hombre", describe sus experiencias allí. Según Levi, el peor de todos los tiempos fue cuando los nazis se retiraron en enero de 1945 por temor al avance ruso. Todos los prisioneros que podían caminar fueron llevados a las brutales "marchas de la muerte". Las únicas personas que quedaron en el campamento eran aquellas que estaban demasiado enfermas para moverse. Durante diez días se quedaron solos con restos de comida y combustible. Levi describe cómo trabajó para encender un fuego y brindar algo de calor a sus compañeros de prisión, muchos de los cuales murieron. Entonces escribe:

> Cuando se reparó la ventana rota y la estufa comenzó a difundir su calor, algo parecía estar relajándose en todos, y en ese momento, Towarowski (un franco-polaco, enfermo de tifus de veintitrés años de edad), propuso a todos que ofrezcan una rodaja de pan para nosotros tres que habíamos estado trabajando. Y así se acordó.
>
> Un día antes, un evento similar habría sido inconcebible. La ley del *lager* [el campo de concentración] decía: "Come tu pan, y si puedes, el de tu vecino", y no dejes espacio para la gratitud. Esto significaba realmente que la ley de *lager* estaba muerta.
>
> Ese fue el primer gesto humano que ocurrió entre nosotros. Creo que ese momento puede considerarse como el comienzo del cambio por el cual los que no habíamos muerto pasamos lentamente de ser *haftlinge* (prisioneros) a ser humanos.

Compartir el alimento es el primer acto por el cual los esclavos se convierten en seres humanos libres. El que teme el mañana no ofrece su pan a los demás. Pero el que está dispuesto a compartir su comida con un extraño ya se ha mostrado capaz de camaradería y fe, las dos cosas que dan lugar a la esperanza. Es por eso que comenzamos el Seder invitando a otros a unirse a nosotros. El pan compartido ya no es el pan de la opresión. Uniéndonos a los demás, ayudando a los

Se vuelven a cubrir las matzot; se llena la segunda copa de vino.
El más joven de los comensales hace las siguientes preguntas:

מַה נִּשְׁתַּנָּה

¿QUÉ DIFERENCIA

HAY ENTRE ESTA NOCHE Y TODAS LAS DEMÁS?

Todas las noches comemos pan o matzá,
¿y esta noche solo matzá?

Todas las noches comemos todo tipo de verduras,
¿y esta noche solamente hierbas amargas?

Todas las noches no sumergimos ningún alimento
ni siquiera una sola vez,
¿y esta noche dos veces?

Todas las noches comemos sentados o reclinados,
¿y esta noche sólo reclinados?

Torá es una *yerushá,* no una *najalá.* Necesita del trabajo del niño para que se transmita de generación en generación.

¿QUÉ DIFERENCIA HAY ENTRE ESTA NOCHE Y TODAS LAS DEMÁS?
La historia de Ma Nishtaná es fascinante. El texto en sí se remonta a unos dos mil años atrás. Es mencionado en la Mishná y casi con certeza fueron las palabras utilizadas en tiempos del Segundo Templo. Pero todo en relación a él era diferente. Se decía no antes de la comida sino después. No era recitado por el niño sino por el padre. Y no era un conjunto de preguntas sino de declaraciones. ¿Cómo?

En el tiempo del Templo, se comenzaba por la comida. La santidad del momento era palpable. Las familias de todos los confines de Israel traían su sacrificio al Templo y comían su comida en los alrededores de Jerusalén. Las preguntas del niño surgían de manera natural por los actos realizados esa noche que no se veían en ningún otro momento del año. Si el niño era demasiado pequeño para preguntar, el padre lo estimulaba a preguntar diciéndole *Ma Nishtaná Halaila Hazé,* significando no una pregunta "¿Qué diferencia hay entre esta noche y todas las demás?, sino "Mira qué diferente es esta noche de todas las demás" y entonces enumeraba las diferencias alentando al niño a preguntar "¿Por qué?".

Uno de los logros más notables de los sabios ha sido preservar la continuidad

◂ de la vida

Se vuelven a cubrir las מצות*; se llena la segunda copa de vino. El más joven de los comensales hace las siguientes preguntas:*

מַה נִּשְׁתַּנָּה

הַלַּיְלָה הַזֶּה מִכָּל הַלֵּילוֹת

שֶׁבְּכָל הַלֵּילוֹת אָנוּ אוֹכְלִין חָמֵץ וּמַצָּה
הַלַּיְלָה הַזֶּה כֻּלּוֹ מַצָּה

שֶׁבְּכָל הַלֵּילוֹת אָנוּ אוֹכְלִין שְׁאָר יְרָקוֹת
הַלַּיְלָה הַזֶּה מָרוֹר

שֶׁבְּכָל הַלֵּילוֹת אֵין אָנוּ מַטְבִּילִין אֲפִילּוּ פַּעַם אֶחָת
הַלַּיְלָה הַזֶּה שְׁתֵּי פְעָמִים

שֶׁבְּכָל הַלֵּילוֹת אָנוּ אוֹכְלִין בֵּין יוֹשְׁבִין וּבֵין מְסֻבִּין
הַלַּיְלָה הַזֶּה כֻּלָּנוּ מְסֻבִּין

¿QUÉ DIFERENCIA HAY ENTRE ESTA NOCHE Y TODAS LAS DEMÁS?
La Torá habla de niños que hacen preguntas sobre Pesaj. "Y será que cuando tu hijo te pregunte el día de mañana, diciendo: ¿Qué es esto? (Éx. 13:14), le dirás: "Con mano fuerte nos sacó Dios de Egipto, de la casa de servidumbre". La tradición ha deducido que la historia del Éxodo de Egipto debe contarse, siempre que sea posible, en respuesta a las preguntas formuladas por un niño.

La Torá tiene dos palabras para el término herencia: *yerushá* y *najalá,* que representan las dos formas diferentes en que las que un legado pasa a través de las generaciones. La palabra *najalá* proviene de la raíz *najal,* que también significa "río". Representa un legado que simplemente se transmite, sin ninguna acción por parte del receptor, tal como el agua fluye en un río. *Yerushá,* por el contrario, significa una herencia activa. El rabino Shimshón Rafael Hirsch señaló que *lareshet,* la forma verbal de *yerushá,* a veces significa "conquistar" o "capturar". Significa tomar activamente aquello que nos ha sido prometido. Un legado por el cual uno ha trabajado es siempre más seguro que uno por el que no. Es por eso que el judaísmo alienta a los niños a preguntar. Cuando un niño pregunta, él o ella han comenzado el trabajo de su preparación para recibir. La

Durante la recitación se descubren las matzot.

עֲבָדִים הָיִינוּ

ESCLAVOS FUIMOS

de Faraón en Egipto
Pero el SEÑOR, nuestro Dios, nos sacó de allí
con mano firme y brazo extendido.

---

con la desgracia y concluir con la gloria" (Mishná Pesajim 116a). Un relato judío comienza con tristeza y termina con alegría.

¿Qué significa esto específicamente en Pesaj? El Talmud registra dos puntos de vista, los de Rav y Shmuel, dos sabios del siglo III. Según Shmuel, significa decir: "Esclavos fuimos de Faraón en Egipto, y el SEÑOR nuestro Dios nos sacó". Según Rav, significa decir: "Al principio, nuestros antepasados eran idólatras. Pero ahora el Omnipresente nos acercó a su servicio". Por respeto a estos dos puntos de vista, decimos ambos, comenzando con la respuesta según Shmuel.

Las dos opiniones reflejan diferentes enfoques del Éxodo. Según Shmuel, el hecho central es la redención física. Nuestros antepasados fueron esclavos que fueron liberados por Dios. Según Rav, el tema esencial es la redención espiritual. Nuestros antepasados fueron idólatras que hallaron y fueron encontrados por Dios.

También hay una diferencia en su enfoque de la historia. Shmuel se centra en el evento inmediato de Egipto, la esclavitud y la redención. Rav coloca el evento en un contexto más amplio: toda la historia del pueblo judío desde Abraham hasta Joshua y la conquista de la tierra. Para Rav, Pesaj es parte de un drama más amplio, desde el padre fundador hasta el nacimiento de una nación en su propia tierra.

Maimónides delinea una tercera distinción. Hay dos elementos en el servicio de Seder: existe un relato que narramos a nuestros hijos y la historia que nos contamos a nosotros mismos. Shmuel se enfoca en la historia contada a un niño. Rav habla de la historia como una reflexión adulta. Los niños pueden comprender el drama de la esclavitud y la libertad junto con los muchos milagros que estuvieron involucrados. Pero se necesita ser un adulto para comprender el viaje del politeísmo al monoteísmo, del mito a la fe.

ESCLAVITUD Y LIBERTAD

En el gueto de Kovno a principios de 1940 tuvo lugar una escena extraordinaria una mañana en la improvisada sinagoga. Los judíos en el gueto habían comenzado a darse cuenta del destino que les esperaba. Sabían que ninguno de ellos escaparía, que los campos de trabajo a los que serían transportados eran, de hecho, fábricas de muerte. Y en el servicio de la mañana, el líder de la oración, un judío viejo y

Durante la recitación se descubren las מצות.

עֲבָדִים הָיִינוּ

לְפַרְעֹה בְּמִצְרָיִם

וַיּוֹצִיאֵנוּ יהוה אֱלֹהֵינוּ מִשָּׁם בְּיָד חֲזָקָה וּבִזְרוֹעַ נְטוּיָה.

---

de la vida judía a través de una serie de tragedias: la destrucción del Templo, la supresión del sacrificio pascual y la pérdida de toda la atmósfera de celebración colectiva en Jerusalén. La narración fue trasladada de después de la comida a antes, de modo que las palabras harían el trabajo del lugar: el pueblo judío no tendría ya a Jerusalén, pero tenía una historia. Y en lugar de que los niños preguntaran espontáneamente, cada uno con sus propias palabras (los cuatro hijos de la Hagadá) el *Ma Nishtaná* se convirtió en una fórmula estándar que todo niño podía aprender. Las viejas palabras adquirieron una nueva función. Un ritual celebrado en las cercanías del Templo se convirtió en una ceremonia que se podía observar en todo el mundo sin perder su carácter original. Pesaj se convirtió en un fragmento de Jerusalén. La ciudad, la tierra y el orden de sacrificios yacen en ruinas, pero las palabras permanecieron.

Una cosa que se logró al convertir *Ma Nishtaná* en una fórmula, fue que a partir de ese momento los niños no fueron divididos en los sabios, los malvados, los simples y los incapaces de preguntar. En un gesto hermoso y profundamente característico, la costumbre nos indica que todos los niños deben preguntar de la misma manera, usando las mismas palabras, para no avergonzar a ningún niño. Todos los niños judíos son preciosos y no distinguimos entre ellos.

¿QUÉ DIFERENCIA HAY ENTRE ESTA NOCHE Y TODAS LAS DEMÁS?
Las cuatro preguntas corresponden a los "cuatro hijos" de la Hagadá. El niño sabio se dirige inmediatamente hacia el símbolo central de Pesaj, la matzá. Su pregunta es profunda. Matzá es el "pan de la aflicción" pero Pesaj es la "fiesta de la libertad". ¿Por qué, entonces, solo comemos matzá? El "hijo malvado" pregunta por el maror porque, estando amargado con el judaísmo, solo prueba la amargura de la vida judía, no su dulzura. El niño de naturaleza simple pregunta sobre la inmersión, el acto hecho precisamente para provocar una pregunta por parte de un niño. El que no sabe cómo preguntar, pregunta por qué las personas están reclinadas. Su atención no está en el servicio del Seder sino en las personas reunidas alrededor de la mesa.

ESCLAVOS FUIMOS DE FARAÓN EN EGIPTO
La Mishná establece que en el relato de la historia del Éxodo debemos "Comenzar

Y si el Santo, Bendito Sea,
no hubiera sacado a nuestros antepasados de Egipto,
nosotros, nuestros hijos y los hijos de nuestros hijos,
seríamos aún esclavos de Faraón en Egipto.
Por esta razón,
aunque todos fuéramos sabios, inteligentes
y eruditos en la Torá,
aún sería nuestro deber relatar la salida de Egipto;
y cuanto más narra uno acerca del Éxodo de Egipto,
tanto más merece ser elogiado.

---

tomando la libertad de otras personas y terminan tomando las vidas de otras personas. Hay una línea directa que va de la tiranía a la idolatría al derramamiento de sangre. Nuestra mayor defensa es saber que sobre todos los poderes terrenales está el supremo el Rey de reyes, Dios mismo, que ha dotado a todos los seres humanos de Su imagen. Ningún líder absoluto ha logrado extinguir esta chispa en el alma de un pueblo que se expresa en su pasión por la libertad. Es por eso que todas las tiranías han fallado y siempre se malograrán.

¿Dónde estaba Dios en el gueto de Kovno? En los corazones de aquellos que, aunque eran prisioneros en el valle de la sombra de la muerte, insistían en pronunciar una bendición como seres humanos libres. Su historia no tuvo un final feliz, pero nos han dejado un legado inmortal: el saber que el espíritu humano no puede ser asesinado y que, por lo tanto, la libertad siempre ganará la batalla final.

Y SI EL SANTO, BENDITO SEA, NO HUBIERA SACADO A NUESTROS ANTEPASADOS DE EGIPTO

Una regla del relato de Pesaj es que cada persona debe verse a sí misma como si hubiera salido personalmente de Egipto. La historia se convierte en memoria. El pasado se convierte en presente. En este punto, estamos hablando de las persistentes consecuencias del pasado. Si el Éxodo no hubiera sucedido y los israelitas se hubieran quedado en Egipto, ninguno de los eventos posteriores de la historia judía habría ocurrido. Lo que somos y dónde estamos ahora, es el resultado de lo que sucedió entonces.

AUNQUE FUÉRAMOS TODOS SABIOS

Hay una diferencia fundamental entre conocer y relatar la historia. No contamos acerca del Éxodo para saber lo que sucedió en el pasado. Lo hacemos porque cada relato graba ese evento más a fondo en la memoria, y porque cada año

◂ agrega

וְאִלּוּ לֹא הוֹצִיא הַקָּדוֹשׁ בָּרוּךְ הוּא אֶת אֲבוֹתֵינוּ מִמִּצְרַיִם
הֲרֵי אָנוּ וּבָנֵינוּ וּבְנֵי בָנֵינוּ מְשֻׁעְבָּדִים הָיִינוּ לְפַרְעֹה בְּמִצְרָיִם.
וַאֲפִלּוּ
כֻּלָּנוּ חֲכָמִים, כֻּלָּנוּ נְבוֹנִים, כֻּלָּנוּ זְקֵנִים
כֻּלָּנוּ יוֹדְעִים אֶת הַתּוֹרָה
מִצְוָה עָלֵינוּ לְסַפֵּר בִּיצִיאַת מִצְרָיִם
וְכָל הַמַּרְבֶּה לְסַפֵּר בִּיצִיאַת מִצְרַיִם
הֲרֵי זֶה מְשֻׁבָּח.

---

piadoso, finalmente, no pudo decir más palabras. Había llegado a la bendición en la que agradecemos a Dios por no hacernos esclavos. Se volvió hacia la congregación y dijo: "'No puedo decir esta oración. ¿Cómo puedo agradecer a Dios por mi libertad cuando ahora soy un prisionero que enfrenta la muerte? Solo un loco podría decir esta oración ahora'.

Algunos miembros de la congregación pidieron consejo al rabino. ¿Podría un judío en el gueto de Kovno pronunciar la bendición agradeciendo a Dios por no haberlo hecho esclavo? El rabino respondió de manera muy simple. "Que el Cielo no nos permita abolir la bendición ahora. Nuestros enemigos desean hacernos sus esclavos. Pero, aunque controlan nuestros cuerpos, no son dueños de nuestras almas. Al decir esta bendición, demostramos que incluso aquí todavía nos vemos a nosotros mismos como hombres libres, temporalmente en cautiverio, esperando la redención de Dios".

La pregunta más difícil para la fe hoy es: ¿Dónde estaba Dios en Auschwitz? ¿Dónde estaba Dios cuando sus fieles siervos fueron convertidos en cenizas y murieron como mártires por millones? ¿Dónde estaba la redención cuando los judíos de Europa fueron gaseados e incinerados y Dios guardó silencio? Esa pregunta nos persigue en la noche de Pesaj, porque en esta noche recordamos que la esclavitud en Egipto no fue el único, ni siquiera el peor, capítulo del sufrimiento judío. Ha habido faraones en cada generación. Y no solo los judíos fueron sus víctimas. Hay pueblos hoy que viven bajo la amenaza del genocidio. Si Dios redime, no en el cielo sino aquí en la tierra, ¿dónde está Su redención?

Los grandes profetas hicieron esta pregunta y no recibieron respuesta. Sin embargo, hay un fragmento de respuesta, y fue dada por el rabino en el gueto de Kovno. Dios ha elegido solo una morada en este universo físico finito y esa es el corazón humano. Cada vez que desterramos a Dios del corazón, suceden cosas trágicas. Cuando los gobernantes se colocan en lugar de Dios, comienzan

מַעֲשֶׂה

OCURRIÓ

que Rabí Eliézer, Rabí Yehoshúa, Rabí Eleazar Ben Azariá,
Rabí Akiva y Rabí Tarfón
celebraban el Seder recostados en Benei Beraq,
comentando durante toda la noche
el relato de la salida de Egipto,
hasta que vinieron sus alumnos y les dijeron:
"Maestros nuestros,
es la hora de recitar el *Shemá* de la mañana".

Dijo Rabí Eleazar Ben Azariá: *Berajot 12b*
'Soy un septuagenario,
pero no he tenido el mérito de demostrar
que se debe recordar la salida de Egipto todas las noches'.
Hasta que Ben Zomá explicó,
el versículo:
"PARA QUE RECUERDES *Deut. 16*
EL DÍA DE TU SALIDA DE EGIPTO
TODOS LOS DÍAS DE TU VIDA".

'Los días de tu vida' implicasolamente los días,
pero 'Todos los días de tu vida' incluye también a las noches,

Los sabios, sin embargo, dicen:

'Los días de tu vida' implicaeste mundo;
pero 'Todos los días de tu vida' implicala época mesiánica.

---

siempre hay una nueva yuxtaposición, una nueva faceta de la historia. Los sabios dijeron: "No hay casa de estudio sin *jidush* [alguna nueva interpretación]" (*Jaguigá* 3a). La historia de Pesaj nunca se vuelve vieja, porque la lucha por la libertad nunca termina, y por lo tanto cada generación suma su propio comentario a la vieja-nueva historia.

מַעֲשֶׂה

בְּרַבִּי אֱלִיעֶזֶר וְרַבִּי יְהוֹשֻׁעַ וְרַבִּי אֶלְעָזָר בֶּן עֲזַרְיָה
וְרַבִּי עֲקִיבָא וְרַבִּי טַרְפוֹן
שֶׁהָיוּ מְסֻבִּין בִּבְנֵי בְרַק
וְהָיוּ מְסַפְּרִים בִּיצִיאַת מִצְרַיִם כָּל אוֹתוֹ הַלַּיְלָה
עַד שֶׁבָּאוּ תַלְמִידֵיהֶם וְאָמְרוּ לָהֶם
רַבּוֹתֵינוּ
הִגִּיעַ זְמַן קְרִיאַת שְׁמַע שֶׁל שַׁחֲרִית.

אָמַר רַבִּי אֶלְעָזָר בֶּן עֲזַרְיָה ברכות יב:
הֲרֵי אֲנִי כְּבֶן שִׁבְעִים שָׁנָה
וְלֹא זָכִיתִי שֶׁתֵּאָמֵר יְצִיאַת מִצְרַיִם בַּלֵּילוֹת
עַד שֶׁדְּרָשָׁהּ בֶּן זוֹמָא
שֶׁנֶּאֱמַר
לְמַעַן תִּזְכֹּר אֶת־יוֹם צֵאתְךָ מֵאֶרֶץ מִצְרַיִם דברים טז
כֹּל יְמֵי חַיֶּיךָ:

יְמֵי חַיֶּיךָ הַיָּמִים
כֹּל יְמֵי חַיֶּיךָ הַלֵּילוֹת.

וַחֲכָמִים אוֹמְרִים

יְמֵי חַיֶּיךָ הָעוֹלָם הַזֶּה
כֹּל יְמֵי חַיֶּיךָ לְהָבִיא לִימוֹת הַמָּשִׁיחַ.

---

agrega sus propias visiones e interpretaciones. El judaísmo es un diálogo constante entre pasado y presente, y dado que el presente siempre cambia,

בָּרוּךְ הַמָּקוֹם

Bendito Sea el Omnipresente
Bendito es Él.
Bendito Sea el
que entregó la Torá a Su pueblo Israel
Bendito es Él.

כְּנֶגֶד אַרְבָּעָה בָנִים

Acerca de cuatro clases de hijos
nos habla la Torá:
uno sabio,
uno malvado,
uno simple
y uno que no sabe preguntar:

LOS CUATRO HIJOS

Es probable que los "cuatro hijos" no sean individuos diferentes sino etapas sucesivas en el desarrollo de un niño. Comenzamos siendo incapaces de preguntar. Aceptamos el mundo como dado. La siguiente etapa en el desarrollo intelectual es la curiosidad (el niño "con una naturaleza simple"). Hacemos preguntas sin un motivo ulterior. Simplemente queremos aprender. A menudo, esto es seguido por un período de prueba y desafío a los valores que hemos recibido (el niño "malvado" o el adolescente). La palabra hebrea para adolescente, *naar,* también significa "sacudirse". En la adolescencia, desarrollamos nuestra propia identidad poniendo a prueba los valores recibidos. Esto a veces puede conducir a la rebelión como una forma de autoexploración. La culminación del crecimiento cognitivo es la "sabiduría", el punto en el que hemos internalizado los valores de nuestra herencia y somos lo suficientemente maduros para ver sus méritos objetivos. Aunque la Hagadá usa la palabra "sabio", la tradición rabínica prefería la expresión Talmid Jajam, un "discípulo sabio". La sabiduría, en el judaísmo, no es un estado, sino un proceso de aprendizaje constante. Por ello, se encuentra tanto en las preguntas que uno hace, como en las contestaciones. Cada respuesta es en sí misma el preludio de una pregunta más profunda y, por lo tanto, hay un crecimiento constante a medida que avanzamos a nuevos niveles de comprensión.

בָּרוּךְ הַמָּקוֹם
בָּרוּךְ הוּא
בָּרוּךְ שֶׁנָּתַן תּוֹרָה לְעַמּוֹ יִשְׂרָאֵל
בָּרוּךְ הוּא

כְּנֶגֶד אַרְבָּעָה בָנִים דִּבְּרָה תוֹרָה
אֶחָד חָכָם
וְאֶחָד רָשָׁע
וְאֶחָד תָּם
וְאֶחָד שֶׁאֵינוֹ יוֹדֵעַ לִשְׁאוֹל

LOS CUATRO HIJOS

Este famoso pasaje se basa en el hecho de que la Torá habla en cuatro lugares sobre el diálogo entre padres e hijos:

1. "¿Y cuándo os preguntaran vuestros hijos: ¿Qué es este rito para vosotros?", vosotros responderéis: Es la ofrenda de Pesaj de Dios, el cual pasó por encima de las casas de los hijos de Israel en Egipto, cuando hirió a los egipcios, y libró nuestras casas. Entonces el pueblo se inclinó y adoró" (Éx. 12:26–27).
2. Y le dirás a tu hijo ese día: "Es por lo que el Señor hizo por mí cuando salí de Egipto" (*ibíd.*).
3. Si en ese momento tu hijo te preguntara: "¿Qué es esto?", le dirás: "Con mano fuerte el Señor nos sacó de Egipto, de la esclavitud" (*ibíd.*).
4. "En el futuro, cuando tu hijo te pregunte: "¿Qué *significan* los testimonios y los estatutos y los decretos que el Señor nuestro Dios os ha mandado?, entonces dirás a tu hijo: `Éramos esclavos de Faraón en Egipto, y el Señor nos sacó de Egipto con mano fuerte'" (Deut. 6:20–21).

En lugar de verlos como reformulaciones de la misma idea, los sabios detectaron, en las diferentes formas en que se expresan los versos, cuatro personalidades distintivas, por lo tanto, cuatro tipos de hijos.

¿Qué dice

EL SABIO?

'¿Qué significan los testimonios, los estatutos y las reglas que el SEÑOR, nuestro Dios, les ordenó?' Deut. 6

Entonces le explicarás las leyes de Pesaj,
comentándole que no se debe
comer ningún alimento
después de ingerir el Aficomán

EL HIJO SABIO

El hijo sabio muestra su sabiduría al distinguir tres tipos de mandamientos, entendiendo que el judaísmo es un sistema complejo en el que no todas las leyes tienen el mismo propósito.

Edot, testimonios, son mandamientos como los de Shabat y las fiestas, que nos recuerdan la presencia de Dios en la naturaleza y en la historia.

Jukim, estatutos, son mandamientos como la prohibición de mezclar leche y carne, que no tienen una razón obvia. Algunos pensadores judíos creían que los *jukim* eran mandamientos sin una razón. Saadia Gaón dijo que fueron ordenados para que nos otorguen una recompensa por pura obediencia. Maimónides, en *La Guía para los Perplejos*, argumentó que cada uno de los *jukim* tiene una razón, aunque quedarán claras solo después de una larga investigación. Najmánides y el rabino Shimshón Rafael Hirsch sostuvieron que los *jukim* eran mandamientos ecológicos, reglas que respetan la integridad de la naturaleza y la distinción de las diferentes especies y formas de vida.

Mishpatim son leyes de justicia social. El hebreo bíblico tiene dos palabras para justicia, *tzedek* y *mishpat*.

Mishpat se refiere a los principios del estado de derecho, la imparcialidad y la justicia retributiva ("medida por medida"). *Tzedek* se refiere a la equidad y la justicia distributiva. La palabra *tzedaká* no significa, como suele traducirse, "caridad". Significa justicia en este sentido más amplio. Proviene de la idea, fundamental para el judaísmo, de que lo que tenemos no lo poseemos en última instancia. Lo tenemos como un depósito de Dios y una de las condiciones es que compartamos parte de lo que tenemos con otros que lo necesitan.

Una forma de expresar la diferencia entre los tres tipos de mandamientos es que a través de las *edot* cumplimos con nuestro deber hacia el pasado, mediante los *mishpatim* practicamos nuestro deber hacia los demás y mediante los *jukim* ejercemos nuestro deber hacia el mundo natural.

Alternativamente: aunque cada uno esencialmente involucra acción, en el

◂ caso de

חָכָם

מַה הוּא אוֹמֵר

מָה הָעֵדֹת וְהַחֻקִּים וְהַמִּשְׁפָּטִים דברים ו
אֲשֶׁר צִוָּה יהוה אֱלֹהֵינוּ אֶתְכֶם:
וְאַף אַתָּה אֱמָר לוֹ כְּהִלְכוֹת הַפֶּסַח
אֵין מַפְטִירִין אַחַר הַפֶּסַח אֲפִיקוֹמָן.

LOS CUATRO HIJOS

Los cuatro hijos son una evocación del pueblo judío. Uno pregunta porque quiere escuchar la respuesta. Un segundo pregunta porque no quiere escuchar la respuesta. Un tercero pregunta porque no entiende. El cuarto no pregunta porque no entiende que no entiende. El nuestro nunca ha sido un pueblo monolítico.

Sin embargo, hay un mensaje de esperanza en este retrato familiar. Aunque no están de acuerdo, se sientan alrededor de la misma mesa y cuentan la misma historia. Aunque difieren, permanecen juntos. Son parte de una sola familia. Incluso el rebelde está allí, aunque parte de él no quiere estar. Esto también es lo que somos.

El pueblo judío es una familia amplia. Discutimos, diferimos, a veces estamos profundamente divididos. Sin embargo, somos parte de la misma historia. Compartimos los mismos recuerdos. En tiempos difíciles podemos contar el uno con el otro. Sentimos el dolor del otro. De esta multiplicidad de voces surge algo que ninguno de nosotros podría lograr solo. Sentado al lado del niño sabio, el rebelde no está destinado a seguir siendo rebelde. Sentado junto al rebelde, el niño sabio puede compartir su sabiduría en lugar de guardarla para sí mismo. El que no puede preguntar sabrá con el tiempo cómo hacerlo. El niño simple aprenderá complejidad. El niño sabio aprenderá simplicidad. Cada uno saca fuerza de los demás, al igual que sacamos fuerza de pertenecer a un pueblo.

EL HIJO SABIO

Los otros tres niños aparecen en el Libro del Éxodo, en el momento de la salida de Egipto. La pregunta del hijo sabio aparece en el Libro de Deuteronomio, solo cuarenta años después. La comprensión histórica lleva tiempo. En medio de los eventos, estamos demasiado cerca para ver su significado, incluso para hacer las preguntas correctas. Como dijo un sabio jasídico: "Tomó un día sacar a los israelitas de Egipto. Tomó cuarenta años sacar a Egipto de los israelitas".

¿Qué es lo que dice

EL MALVADO?

'¿Qué es todo este ritual para ustedes?' *Éx. 12*

'Para Ustedes', y no para él,
excluyéndose de la comunidad
ha negado lo fundamental,
por lo tanto, contéstale ásperamente:
'Por lo que el Señor hizo por mí cuando salí de Egipto'. *Éx. 13*
'Por *mí*', y no por *él*,
ya que si hubiera estado allí
no hubiese sido redimido.

---

que debes. Una sociedad en la que "cada uno hacía lo que a sus ojos le parecía bien" (Jueces 21:25) no tiene libertad, sino anarquía. Sin la soberanía de Dios y la ley (la Torá y sus mandamientos), los fuertes gobiernan a los débiles y los poderosos toman ventaja de los vulnerables. La diferencia entre servir a Faraón y servir a Dios hace toda la diferencia: entre la injusticia y la justicia, la esclavitud y la libertad, una sociedad en la que las personas son manejadas como medios y una en la que son respetadas como un fin en sí mismas.

EXCLUYÉNDOSE DE LA COMUNIDAD HA NEGANDO LO FUNDAMENTAL
¿Qué principio niega el hijo malvado? La respuesta es que, si bien el niño rebelde no niega ninguno de los Trece Principios de Fe enumerados por Maimónides, niega algo más. Maimónides explica: "Quien se separa de la comunidad, incluso si no comete una transgresión, sino que se mantiene alejado de la congregación de Israel, no cumple con los preceptos religiosos en común con su pueblo, se muestra indiferente cuando están angustiados, no observa sus ayunos, pero sigue su propio camino como si fuera uno de las naciones y no perteneciera al pueblo judío; esa persona no tiene participación en el Mundo por Venir" (*Hiljot Teshuvá* 11).

El simple hecho de que un individuo no se identifique con el destino colectivo del pueblo judío, a pesar de que observa los mandamientos, es una negación de uno de los principios del judaísmo, a saber, que la nuestra es una fe *colectiva*. Martin Buber se equivocó cuando llamó a su gran trabajo sobre la fe *Yo y Tú*. En el judaísmo, la relación principal es *Nosotros y Tú*. A pesar de su insistencia en la responsabilidad individual ("Si no soy para mí, ¿quién será para mí?"), el

◂ judaísmo

רָשָׁע

מַה הוּא אוֹמֵר
מָה הָעֲבֹדָה הַזֹּאת לָכֶם: שמות יב
לָכֶם וְלֹא לוֹ
וּלְפִי שֶׁהוֹצִיא אֶת עַצְמוֹ מִן הַכְּלָל
כָּפַר בָּעִקָּר
וְאַף אַתָּה הַקְהֵה אֶת שִׁנָּיו, וֶאֱמָר לוֹ
בַּעֲבוּר זֶה עָשָׂה יהוה לִי בְּצֵאתִי מִמִּצְרָיִם: שמות יג
לִי וְלֹא לוֹ
אִלּוּ הָיָה שָׁם, לֹא הָיָה נִגְאָל.

---

caso de *mishpatim* es el acto mismo el propósito del mandato. Crea justicia. En *edot,* el punto de la acción es la creencia o actitud a la que da lugar. En Shabat nos centramos en la creación, en Pesaj en la redención, en Shavuot en la revelación. En el caso de *jukim,* el propósito final es formar el carácter, entrenar las disposiciones y las emociones, y crear "hábitos del corazón".

EL HIJO MALVADO

Los comentaristas dan muchas explicaciones de por qué esta pregunta en particular debe verse como un signo de rebelión. La respuesta más simple es que, mientras que acerca de los otros niños se dice que *preguntan,* en este caso el versículo habla de niños que *dicen.* Este es un niño que no busca una respuesta; solo quiere hacer una declaración.

Otra posibilidad es su uso de la palabra *avodá,* servicio. La Torá usa la misma palabra *avodá* para describir tanto la esclavitud a Faraón como el servicio a Dios. En efecto, el hijo malvado pregunta: ¿qué ganó nuestro pueblo al abandonar Egipto? Simplemente intercambiaron una *avodá* por otra. Antes eran siervos de Faraón, ahora se han convertido en siervos de Dios. Pero en ambos casos tenían un amo; en ninguno de los casos fueron libres. El niño rebelde entiende que la libertad significa no tener ningún amo. Todavía no ha entendido que la libertad no es la capacidad de hacer lo que quieres; es la habilidad de hacer lo

¿Qué dice

EL SIMPLE?

'¿Qué es esto?' *Éx. 13*

Y tú le responderás:

'Con mano fuerte nos liberó el SEÑOR de Egipto, *Ibid.*

de la casa de la esclavitud'.

Y al que

NO SABE PREGUNTAR,

tú lo iniciarás,

como está escrito:

'Y en aquel día *Éx. 13*

relatarás a tu hijo diciendo:

Por esto el SEÑOR hizo por mí

cuando salí de Egipto'.

AL NIÑO QUE NO SABE PREGUNTAR, TÚ LO INICIARÁS.

¿Cuál es el significado de la frase "tú lo iniciarás"? Se cuenta que el Rebe Menajem Mendel de Kotzk preguntó una vez a sus discípulos: "¿Dónde reside Dios?". Los discípulos estaban perplejos. "¿Qué quiere decir el Rebe?: ¿Dónde vive Dios? ¿Dónde no vive Dios? ¿Acaso no nos han enseñado que ningún lugar está desprovisto de su Presencia? Él llena los cielos y la tierra". El Rebe respondió: "No habéis entendido: Dios vive donde lo dejamos ingresar".

En otra ocasión preguntó: "¿Por qué se dice en el *Shemá*: "Estas palabras estarán sobre tu corazón"? ¿Por qué "sobre" y no "adentro"? "Él respondió: "El corazón no siempre está abierto. Por eso la Torá dice: pon estas palabras sobre tu corazón, de modo que cuando tu corazón se abra, estén allí, listas para ingresar". En el judaísmo, la espiritualidad significa apertura. Dios está más cerca ante quien está abierto, que nosotros de nosotros mismos. Para quien está cerrado, está más lejos que las galaxias más distantes. La tarea de la educación es enseñar a un niño a ser abierto a la voz de Dios y al milagro de la existencia. Una pregunta, hecha con sinceridad, es una apertura en el alma.

תָּם

מַה הוּא אוֹמֵר

שמות יג מַה־זֹּאת

וְאָמַרְתָּ אֵלָיו

שם בְּחֹזֶק יָד הוֹצִיאָנוּ יהוה מִמִּצְרַיִם

מִבֵּית עֲבָדִים:

וְשֶׁאֵינוֹ יוֹדֵעַ לִשְׁאוֹל

אַתְּ פְּתַח לוֹ

שֶׁנֶּאֱמַר

שמות יג וְהִגַּדְתָּ לְבִנְךָ

בַּיּוֹם הַהוּא לֵאמֹר

בַּעֲבוּר זֶה עָשָׂה יהוה לִי

בְּצֵאתִי מִמִּצְרָיִם:

---

judaísmo es igualmente insistente en la responsabilidad colectiva ("Y si soy solo para mí, ¿qué soy?").

Mucho antes de que Moisés encontrara a Dios, él "Salió adonde sus hermanos y vio sus duros trabajos" (Éx. 2:11). Este fue el nacimiento de su identidad activa como judío. Aunque a muchos judíos en la era moderna les resulta difícil ser creyentes, se identifican con el pueblo judío, luchan por su causa y le dan su apoyo. *Pertenecer* es el primer paso para *creer*. Lo que hace que el hijo malvado sea malvado, según la Hagadá, no es que no crea, sino que no se identifique con el pueblo del que forma parte.

וְהִגַּדְתָּ לְבִנְךָ

Y LE DIRÁS A TU HIJO:

podríamos pensar que la Hagadá
debería relatarse desde el primer día del mes.
Pero se dice 'en aquel día'.
'Aquel día', podría significar también
que el relato debe comenzar durante el día.
Pero el texto añade, 'Por causa de esto",
por tanto "por causa de esto"
o sea, cuando la matzá y la hierbas amargas están delante de ti.

מִתְּחִלָּה

AL PRINCIPIO

Nuestros antepasados fueron idólatras;

PERO AHORA

El Omnipresente nos acercó a su servicio,
tal como versa:
"Y dijo Josué a todo el pueblo: *Jos. 24*
Así habló el SEÑOR, Dios de Israel:
en la otra parte del río habitaron
antiguamente vuestros antepasados,
Teraj padre de Abraham y de Najor,
y servían a dioses extraños.
Y Yo llevé a vuestro padre Abraham de allende el río
y lo conduje a través de toda la tierra de Canaán,
y multipliqué su descendencia y le di a Isaac.
Y a Isaac di a Jacob y Esaú.
Y a Esaú di el Monte Seir para que lo poseyese;
MAS JACOB Y SUS HIJOS DESCENDIERON A EGIPTO".

---

antes que el día de la Fiesta desde el momento que comienzan los preparativos. La Torá, sin embargo, establece una regla fundamental acerca de cómo uno debe transmitir los valores a la generación siguiente: cuenta la historia mientras estás haciendo las cosas, cuando "la matzá y las hierbas amargas están delante de ti".

◂ Los valores

וְהִגַּדְתָּ לְבִנְךָ

יָכוֹל מֵרֹאשׁ חֹדֶשׁ

תַּלְמוּד לוֹמַר: בַּיּוֹם הַהוּא.

אִי בַּיּוֹם הַהוּא יָכוֹל מִבְּעוֹד יוֹם

תַּלְמוּד לוֹמַר: בַּעֲבוּר זֶה.

בַּעֲבוּר זֶה לֹא אָמַרְתִּי

אֶלָּא בְּשָׁעָה שֶׁיֵּשׁ מַצָּה וּמָרוֹר מֻנָּחִים לְפָנֶיךָ.

מִתְּחִלָּה

עוֹבְדֵי עֲבוֹדָה זָרָה הָיוּ אֲבוֹתֵינוּ

וְעַכְשָׁו

קֵרְבָנוּ הַמָּקוֹם לַעֲבוֹדָתוֹ, שֶׁנֶּאֱמַר

וַיֹּאמֶר יְהוֹשֻׁעַ אֶל־כָּל־הָעָם, כֹּה־אָמַר יהוה אֱלֹהֵי יִשְׂרָאֵל יהושע כד

בְּעֵבֶר הַנָּהָר יָשְׁבוּ אֲבוֹתֵיכֶם מֵעוֹלָם

תֶּרַח אֲבִי אַבְרָהָם וַאֲבִי נָחוֹר, וַיַּעַבְדוּ אֱלֹהִים אֲחֵרִים:

וָאֶקַּח אֶת־אֲבִיכֶם אֶת־אַבְרָהָם מֵעֵבֶר הַנָּהָר

וָאוֹלֵךְ אוֹתוֹ בְּכָל־אֶרֶץ כְּנָעַן

וָאַרְבֶּ אֶת־זַרְעוֹ, וָאֶתֶּן־לוֹ אֶת־יִצְחָק:

וָאֶתֵּן לְיִצְחָק אֶת־יַעֲקֹב וְאֶת־עֵשָׂו

וָאֶתֵּן לְעֵשָׂו אֶת־הַר שֵׂעִיר לָרֶשֶׁת אוֹתוֹ

וְיַעֲקֹב וּבָנָיו יָרְדוּ מִצְרָיִם:

UNO PODRÍA PENSAR QUE ESTO SIGNIFICA DESDE EL PRINCIPIO DEL MES

Al igual que en Egipto, también ahora, la preparación para Pesaj comienza mucho antes que día de la Fiesta. Uno podría pensar que la historia debería ser relatada

BENDITO SEA EL
QUE CUMPLE SU PROMESA
A ISRAEL,
loado Sea.
Pues el Santo, Bendito Sea, determinó el fin de la esclavitud,
con objeto de cumplir el 'pacto de las mitades'
que hiciera con Abraham
y que versa así:
"Entonces dijo a Abram: *Gén. 16*
Sepas de cierto que tu simiente
será extranjera en tierra no suya,
y la esclavizarán
y la afligirán durante cuatrocientos años.
Mas Yo juzgaré también a los que servirán;
Y DESPUÉS SALDRÁN
CON GRAN FORTUNA".

Se cubren las matzot y se alza la copa de vino.

וְהִיא שֶׁעָמְדָה

Y ELLA FUE

la promesa que sostuvo
a nuestros ancestros y a nosotros
Pues no fue solo una vez que intentaron exterminarnos,
sino que en cada generación
se levantan contra nosotros para aniquilarnos
Y EL SANTO, BENDITO SEA,
NOS LIBERA DE SUS MANOS.

Se devuelve a la mesa la copa de vino y se descubren las matzot.

בָּרוּךְ שׁוֹמֵר הַבְטָחָתוֹ לְיִשְׂרָאֵל
בָּרוּךְ הוּא
שֶׁהַקָּדוֹשׁ בָּרוּךְ הוּא חִשַּׁב אֶת הַקֵּץ
לַעֲשׂוֹת כְּמָה שֶּׁאָמַר לְאַבְרָהָם אָבִינוּ בִּבְרִית בֵּין הַבְּתָרִים
שֶׁנֶּאֱמַר
וַיֹּאמֶר לְאַבְרָם יָדֹעַ תֵּדַע כִּי־גֵר יִהְיֶה זַרְעֲךָ בְּאֶרֶץ לֹא לָהֶם בראשית טו
וַעֲבָדוּם וְעִנּוּ אֹתָם
אַרְבַּע מֵאוֹת שָׁנָה:
וְגַם אֶת־הַגּוֹי אֲשֶׁר יַעֲבֹדוּ דָּן אָנֹכִי
וְאַחֲרֵי־כֵן יֵצְאוּ בִּרְכֻשׁ גָּדוֹל:

Se cubren las מצות *y se alza la copa de vino.*

וְהִיא

שֶׁעָמְדָה לַאֲבוֹתֵינוּ וְלָנוּ
שֶׁלֹּא אֶחָד בִּלְבָד עָמַד עָלֵינוּ לְכַלּוֹתֵנוּ
אֶלָּא שֶׁבְּכָל דּוֹר וָדוֹר עוֹמְדִים עָלֵינוּ לְכַלּוֹתֵנוּ
וְהַקָּדוֹשׁ בָּרוּךְ הוּא מַצִּילֵנוּ מִיָּדָם

Se devuelve a la mesa la copa de vino y se descubren las מצות.

Los valores deben ser asidos, no enseñados. Se comunican por lo que hacemos más que por lo que decimos. Es por eso que la historia del Éxodo debe contarse en el momento en que la recreamos. Vivirla nosotros mismos es la mejor manera de garantizar que vivirá en la imaginación del niño.

צֵא וּלְמַד

VEN [AL VERSÍCULO] Y APRENDE

lo que Labán, el arameo,
intentó hacer con nuestro padre Jacob:
Mientras que Faraón condenó
sólo a los varones recién nacidos,
Labán pretendió destruir todo.

---

cuáles eran sus intenciones. Más significativamente, la interpretación parece atravesar toda la temática de la Hagadá, que trata sobre la esclavitud en Egipto. Es extraño comenzar diciendo que lo que hizo Faraón fue malo, pero lo que hizo Labán fue peor. Sin embargo, el rabino Z. H. Ferber ofreció la siguiente explicación:

El sol y el viento una vez discutieron cuál era más fuerte. El sol dijo: "Soy más fuerte, porque doy luz y calor a todo el mundo". El viento dijo: "Soy más fuerte, porque nada puede interponerse en mi camino". En ese momento, un granjero comenzó a arar su campo. El sol le dijo al viento: "Resolvamos el asunto de una vez por todas. Veamos quién de nosotros puede quitarle la chaqueta al hombre. Eso demostrará quién es el más fuerte. El viento aceptó el desafío y comenzó a soplar. Pero cuanto más fuerte soplaba, más fuerte se aferraba el granjero a su chaqueta, hasta que el viento cedió, exhausto. Entonces el sol comenzó a brillar. Tan pronto como el granjero sintió el calor, se quitó la chaqueta. El calor es más poderoso que el viento."

Así fue con Israel. Faraón y su pueblo afligieron a los israelitas, pero "cuanto más los oprimían, más se multiplicaban y más se extendían" (Éx. 1:12). Labán no afligió a Jacob. Por el contrario, mientras estaba con Labán, Jacob se hizo rico. El peligro era que él se quedara con Labán y olvidara quién era. Así ha sido a lo largo de la historia judía. Mientras más sufrían los judíos, más oraban, estudiaban y guardaban los mandamientos. La paradoja es que el peligro para la continuidad judía no ha sido la esclavitud y el sufrimiento, sino la opulencia y la libertad.

Así Moisés advirtió al final de su vida: "Cuídate de no olvidarte del SEÑOR tu Dios, ... no sea que cuando hayas comido y te hayas saciado, y hayas construido buenas casas y habitado *en ellas,* y cuando tus vacas y tus ovejas se multipliquen, y tu plata y oro se multipliquen, y todo lo que tengas se multiplique, entonces tu corazón se enorgullezca, y te olvides del SEÑOR tu Dios que te sacó de la tierra de Egipto de la casa de servidumbre (Deut. 8:11–14).

◂ Interpretado

צֵא וּלְמַד

מַה בִּקֵּשׁ לָבָן הָאֲרַמִּי
לַעֲשׂוֹת לְיַעֲקֹב אָבִינוּ
שֶׁפַּרְעֹה לֹא גָזַר
אֶלָּא עַל הַזְּכָרִים
וְלָבָן בִּקֵּשׁ לַעֲקֹר אֶת הַכֹּל

VE [AL VERSÍCULO] Y APRENDE

Ahora llegamos a la declaración de los cuatro versículos (Deut. 26:5–10) que, según la Mishná, constituyen el núcleo de la Hagadá. Estos fueron originalmente parte de la "confesión" que se realizaba al traer los primeros frutos a Jerusalén, generalmente en la fiesta de Shavuot. La mayoría de los eruditos opinan que este texto fue elegido porque habría sido bien conocido por la mayoría de los judíos en los tiempos del Templo y, posteriormente, antes de que los textos de la Hagadá, escritos o impresos, fueran accesibles por todos.

Otra razón es que la confesión era precedida por las palabras "Declaro (*higadti*) hoy". El verbo es de la misma raíz que la palabra *hagadá*, y por lo tanto la tradición puede haber visto en esta coincidencia de terminología una sugerencia de que era este pasaje el que debería recitarse en la noche de Pesaj, cuando se nos ordena "declarar" a nuestros hijos (*Vehigadta levinjá*). Los cuatro versículos resumen los principales eventos del exilio y el Éxodo. A cada frase se agrega un pasaje del midrash, un comentario rabínico, ya sea para aclarar el significado o para conectarlo con otros pasajes bíblicos.

VE Y APRENDE LO QUE LABÁN, EL ARAMEO, INTENTÓ HACER CON NUESTRO PADRE JACOB

Como han señalado los intérpretes, este es un fragmento extraño con el que comenzar la exposición. El sentido simple de las palabras *Arami oved avi* es "Mi padre era un arameo errante" (es decir, Abraham, según Rashbam; o Jacob, según Ibn Ezra y Sforno). La interpretación de la Hagadá — "Un arameo intentó destruir a mi padre"— no es el sentido simple. No hay evidencia clara en la Torá de que Labán intentó destruir a Jacob. Lo persiguió, y Dios se le apareció por la noche, diciéndole que no hiciera daño a Jacob, pero no se nos dice

puesto que la Torá dice:

"UN ARAMEO QUISO DESTRUIR A MI PADRE, Deut. 26
PERO ÉL ENTONCES DESCENDIÓ A EGIPTO
Y RESIDIÓ ALLÍ,
SIENDO POCOS EN NÚMERO;
Y ALLÍ LLEGÓ A SER UNA NACIÓN GRANDE,
FUERTE Y NUMEROSA".

"DESCENDIÓ A EGIPTO"

obligado por la orden divina.

"Y RESIDIÓ ALLÍ"

De esto aprendemos que Jacob no descendió
con la intención
de radicarse sino de vivir allí temporalmente,
puesto que el texto continúa:
'Y dijeron a Faraón hemos venido para residir Gén. 47
cierto tiempo en esta tierra,
pues no hay pastos para el rebaño de tus siervos;
porque es grande el hambre en Canaán.
Permite a tus siervos habitar
en la tierra de Goshén'.

No se nos dice qué temor sentía Jacob que llevó a esta tranquilidad divina, pero el texto implica que Jacob ya tenía un presentimiento de la esclavitud y el sufrimiento que sus descendientes deberían enfrentar como resultado de su viaje. Fue "compelido por lo que se le había dicho". Por lo tanto, la profecía dada a Abraham dos generaciones antes, según la cual sus hijos se convertirían en extraños en un país extranjero, comenzaba a hacerse realidad.

NO PARA RADICARSE ALLÍ

La última petición de Jacob antes de su muerte, fue que debía ser enterrado en lo que luego se convertiría en la tierra de Israel. Así también Yosef, al final de su vida, reunió a su familia y le dijo: "Yo voy a morir, pero Dios ciertamente os cuidará y os hará subir de esta tierra a la tierra que Él prometió en juramento a Abraham, a Isaac y a Jacob" (Gén. 50:24).

◄ Sus últimas

שֶׁנֶּאֱמַר

דברים כו

אֲרַמִּי אֹבֵד אָבִי

וַיֵּרֶד מִצְרַיְמָה, וַיָּגָר שָׁם בִּמְתֵי מְעָט

וַיְהִי־שָׁם לְגוֹי גָּדוֹל עָצוּם וָרָב

וַיֵּרֶד מִצְרַיְמָה

אָנוּס עַל פִּי הַדִּבּוּר

וַיָּגָר שָׁם

מְלַמֵּד שֶׁלֹּא יָרַד יַעֲקֹב אָבִינוּ

לְהִשְׁתַּקֵּעַ בְּמִצְרַיִם, אֶלָּא לָגוּר שָׁם

שֶׁנֶּאֱמַר

בראשית מז

וַיֹּאמְרוּ אֶל־פַּרְעֹה

לָגוּר בָּאָרֶץ בָּאנוּ

כִּי־אֵין מִרְעֶה לַצֹּאן אֲשֶׁר לַעֲבָדֶיךָ

כִּי־כָבֵד הָרָעָב בְּאֶרֶץ כְּנָעַן

וְעַתָּה יֵשְׁבוּ־נָא עֲבָדֶיךָ בְּאֶרֶץ גֹּשֶׁן:

Interpretado de esta manera, el pasaje contiene un poderoso mensaje: No pienses que la historia de Pesaj termina con el Éxodo. Allí solo comienza. Una cosa es creer en Dios cuando necesitas su ayuda. Otra, cuando ya la has recibido. La riqueza, no menos que la esclavitud, puede hacernos olvidar quiénes somos y por qué.

DESCENDIÓ A EGIPTO OBLIGADO POR LA ORDEN DIVINA.
Jacob, habiendo escuchado que su hijo Yosef todavía estaba vivo, se preparó para viajar a Egipto para verlo. Luego recibió una visión de Dios por la noche, diciéndole: "No temas descender a Egipto, porque allí haré de tu familia una gran nación" (Gén. 46:3).

SIENDO POCOS EN NÚMERO

como está dicho:
'Con setenta almas descendieron Deut. 10
tus padres a Egipto,
y ahora el SEÑOR, tu Dios, te ha convertido
en multitud como estrellas del cielo'.

LLEGÓ A SER UNA NACIÓN GRANDE

nos enseña que los israelitas se distinguieron allí.

SIENDO POCOS EN NÚMERO

El rápido crecimiento de la población de los israelitas en Egipto fue repetido en los tiempos modernos. Se estima que, a fines del siglo XVIII, la población judía mundial no era más que un millón y medio de personas. Al estallar la Segunda Guerra Mundial, contaba con cerca de 18 millones.

Sin embargo, los judíos nunca han medido su fuerza en términos numéricos. El escritor estadounidense Milton Himmelfarb escribió: "El número de judíos en el mundo es menor que un pequeño error estadístico en el censo chino. Sin embargo, continuamos siendo más grandes que nuestros números. Grandes cosas parecen suceder a nuestro alrededor y a nosotros" ("A la luz de la victoria de Israel").

La Torá indica (Éx. 30:12) que es delicado contar el número de los judíos. En lugar de esto, en tiempos bíblicos, cada uno debía donar medio siclo para el mantenimiento del santuario, y contando las donaciones se podía calcular la población. La lección es esta: Las naciones suelen realizar censos para conocer su fuerza, sea militar o económica. Si el pueblo judío alguna vez hubiera creído que la fuerza radica en los números, estaría en peligro de desaparición. El pueblo judío es pequeño. Siempre lo ha sido. Moisés dijo: "El SEÑOR no te dio su amor ni te eligió porque eras una nación más numerosa que las otras naciones, ¡pues tú eras la más pequeña de todas!" (Deut. 7:7). La Torá nos dice que no debemos contar a los judíos, *sino que contamos sus aportaciones.* Y nuestras contribuciones, al mundo y entre nosotros, han sido enormes.

LLEGÓ A SER UNA NACION

El Gaón de Vilna explica que la palabra *goy*, "nación", está relacionada con la palabra *gueviyá*, "cuerpo". Un grupo de individuos se convierte en una nación cuando se convierte en un solo cuerpo. Rabí Shimón bar Yojay enseñó: "Israel es como un cuerpo con una sola alma. Cuando uno es lastimado, todos sienten el dolor".

El difunto rabino Yosef Soloveitchik, en su ensayo *Kol Dodí Dofek*, habló de los dos pactos que unen a los judíos entre sí: *brit goral*, el "pacto del destino",

◂ *y brit*

בִּמְתֵי מְעָט

כְּמָה שֶׁנֶּאֱמַר
בְּשִׁבְעִים נֶפֶשׁ יָרְדוּ אֲבֹתֶיךָ מִצְרָיְמָה דברים י
וְעַתָּה שָׂמְךָ יהוה אֱלֹהֶיךָ
כְּכוֹכְבֵי הַשָּׁמַיִם לָרֹב:

וַיְהִי־שָׁם לְגוֹי

מְלַמֵּד שֶׁהָיוּ יִשְׂרָאֵל מְצֻיָּנִים שָׁם

Sus últimas palabras fueron: "Luego Yosef hizo jurar a los hijos de Israel, diciendo: Dios ciertamente os cuidará, y llevaréis mis huesos de aquí" (vers. 25). Este encargo finalmente fue llevado a cabo por el propio Moisés.

Dondequiera que los judíos se dispersaron, vieron su condición como de galut, "exilio", y no como mera dispersión, *tefutzot.* Hubo lugares como Alemania, donde vivieron durante mil años. Hubo otros, como Babilonia, en los que hubo un continuo asentamiento judío durante dos mil quinientos años. Sin embargo, los judíos se veían a sí mismos, y eran vistos por los otros, como estando *aquí* pero perteneciendo a otra parte. Esto no significaba, como afirmaban sus críticos, que tenían doble lealtad. Pocos grupos fueron tan leales a sus sociedades y gobernantes gentiles, como los judíos. Hicieron contribuciones significativas a las naciones en las que vivieron, y siempre que fue posible, contribuyeron enormemente a las artes, las ciencias, la medicina y la economía.

Desde los días de Jeremías, recordaron su instrucción de "Y buscad el bienestar de la ciudad adonde os he desterrado, y rogad al Señor por ella; porque en su bienestar tendréis bienestar" (Jeremías 29:7). Pero sabían que, en algún momento en el futuro, el pueblo judío retornaría a su hogar. Nunca confundieron lo inmediato con lo importante. Esto fue lo que preservó más que nada su identidad como pueblo diferente y mantuvo la esperanza durante los largos siglos de exilio y expulsión. Esto preservó a los judíos contra la descomposición interna que ha acosado a todas las demás civilizaciones. El olvido del pasado, la falta de atención al futuro a largo plazo, y una pérdida de propósito moral en la búsqueda del aquí y ahora, ha sido el comienzo del declive de otras culturas. El sentimiento de "galut" era el sistema inmunológico judío. Significaba que el pasado y el futuro eran tan reales como el presente. Esto salvó a los judíos de los estragos del tiempo.

GRANDE Y FUERTE

Como está dicho:
'Y los hijos de Israel fueron fecundos, *Éx. 1*
y se multiplicaron
y se hicieron muy poderosos,
y el país se llenó de ellos'.

Y NUMEROSA

Como está dicho:
'te multipliqué como la hierba del campo, *Ezeq. 16*
y tú aumentaste, te engrandeciste
y te adornaste con bellos adornos,
y tus pechos se formaron, y tus cabellos crecieron;
y sin embargo estabas desnuda y descalza'.

Algunos agregan:
Yo pasé junto a ti y te vi revolcándote en tu sangre. *Ibíd.*
Mientras estabas en tu sangre, te dije: "¡Vive!
Sí, te dije, mientras estabas en tu sangre: ¡Vive!"

---

daísmo. "Aunque te exilio de la tierra, permanece distinguido (*metzuanim*) por tu cumplimiento de los preceptos" (Sifrei, Ekev).

Tzión no es solo un lugar. Es un estilo de vida. Los judíos están llamados a la excelencia moral, a tener el coraje de destacarse de su entorno, a ser diferentes y a ser una señal en el desierto de la que otros obtienen su orientación y sentido de dirección. El sionismo es una cuestión no solo de dónde vivimos, sino también de cómo vivimos.

El judaísmo es la gran contraparte en la conversación de la humanidad. Ser judío es estar dispuesto a pensar y actuar de manera diferente, a nadar contra la corriente. Es ser parte de la sociedad, pero también estar aparte de ella, vivir no solo en el "ahora" sino con la sabiduría del pasado y una visión del futuro. Matthew Arnold escribió una vez: "Mientras dure el mundo, todos los que quieran progresar en la justicia vendrán a Israel en busca de inspiración, en cuanto a las personas que han tenido el sentido de la justicia más brillante y más fuerte" (*Literatura y Dogma*).

NOS ENSEÑA QUE LOS ISRAELITAS SE DISTINGUIERON ALLÍ

"*Se cuenta del barón Nathaniel Rothschild que*, después de ganar su batalla de

◂ varios

גָּדוֹל עָצוּם

כְּמָה שֶׁנֶּאֱמַר
וּבְנֵי יִשְׂרָאֵל פָּרוּ וַיִּשְׁרְצוּ וַיִּרְבּוּ שמות א
וַיַּעַצְמוּ בִּמְאֹד מְאֹד
וַתִּמָּלֵא הָאָרֶץ אֹתָם:

וָרָב

כְּמָה שֶׁנֶּאֱמַר
רְבָבָה כְּצֶמַח הַשָּׂדֶה נְתַתִּיךְ יחזקאל טז
וַתִּרְבִּי וַתִּגְדְּלִי, וַתָּבֹאִי בַּעֲדִי עֲדָיִים
שָׁדַיִם נָכֹנוּ וּשְׂעָרֵךְ צִמֵּחַ, וְאַתְּ עֵרֹם וְעֶרְיָה:

Algunos agregan:

וָאֶעֱבֹר עָלַיִךְ וָאֶרְאֵךְ מִתְבּוֹסֶסֶת בְּדָמָיִךְ שם
וָאֹמַר לָךְ בְּדָמַיִךְ חֲיִי וָאֹמַר לָךְ בְּדָמַיִךְ חֲיִי:

"*y brit yeud*", el "pacto de misión". El primero surge del sufrimiento compartido en el pasado, el segundo de una visión colectiva del futuro. En Egipto, los israelitas firmaron el pacto del destino. Estaban unidos por el sufrimiento. Un midrash dice: "En Egipto, los israelitas se reunieron para vivir como un grupo, todos se unieron y se comprometieron a actuar con bondad amorosa unos con otros" (Tana devei Eliyahu). Así es como se convirtieron por primera vez en una nación.

NOS ENSEÑA QUE LOS ISRAELITAS SE DISTINGUIERON ALLÍ

No se asimilaron. Según los sabios, los israelitas preservaron su identidad de cuatro maneras: no cambiaron sus nombres, no modificaron su idioma o sus costumbres, y no se traicionaron entre sí.

La palabra hebrea para distinto, *metzuian,* se deriva de la misma palabra que *Tzión.* En hebreo moderno significa "excelente". Significa algo que se destaca de su entorno. La palabra *tziun* significa "poste indicador". El profeta Jeremías dijo a los judíos de su generación que estaban en el exilio que debían establecer señales (*tziunim*) para que no olvidaran el camino de regreso a Israel. Los sabios interpretaron que esto significa que no deberían abandonar el ju-

"LOS EGIPCIOS NOS MALTRATARON,
NOS OPRIMIERON,
Y PUSIERON SOBRE NOSOTROS DURA SERVIDUMBRE". *Deut. 26*

LOS EGIPCIOS NOS MALTRATARON
como dijo Faraón:
"Procedamos, pues, astutamente con él *Éx. 1*
no sea que se multiplique,
y en caso de guerra,
se una también con los que nos odian
y pelee contra nosotros
y se vaya de la tierra".

NOS OPRIMIERON
como está dicho: *Éx. 1*
'Y pusieron sobre él
para oprimirlos con sus cargas,
y edificó para Faraón
las ciudades de emporio,
Pitom y Ramsés'.

LOS EGIPCIOS NOS MALTRATARON – COMO ESTÁ DICHO: "PROCEDAMOS, PUES, ASTUTAMENTE CON ÉL"
Parecería que la Hagadá interpreta el verbo vaiareu como "nos hicimos amigos" (de *rea,* "amigo, camarada") en lugar de "maltratados" (de *ra,* "mal"). Según el midrash, el "trato sabio" de Faraón consistía en introducir la esclavitud lenta y gradualmente, por lo que los israelitas se acostumbraron a ella en lugar de tratar de huir. Primero Faraón emitió una proclamación llamando a todos los egipcios e israelitas a trabajar en sus proyectos de construcción a cambio de un salario. Faraón mismo se unió a ellos. Después de un mes, los egipcios se retiraron gradualmente, dejando a los israelitas trabajando solos. Luego dejaron de ser remunerados. Para entonces, los israelitas se habían convertido en esclavos y los egipcios en sus capataces. Posteriormente, la gradualidad fue parte del programa nazi de genocidio.

וַיָּרֵעוּ אֹתָנוּ הַמִּצְרִים דברים כו
וַיְעַנּוּנוּ
וַיִּתְּנוּ עָלֵינוּ עֲבֹדָה קָשָׁה:

וַיָּרֵעוּ אֹתָנוּ הַמִּצְרִים
כְּמָה שֶׁנֶּאֱמַר
הָבָה נִתְחַכְּמָה לוֹ פֶּן־יִרְבֶּה שמות א
וְהָיָה כִּי־תִקְרֶאנָה מִלְחָמָה
וְנוֹסַף גַּם־הוּא עַל־שֹׂנְאֵינוּ
וְנִלְחַם־בָּנוּ
וְעָלָה מִן־הָאָרֶץ:

וַיְעַנּוּנוּ
כְּמָה שֶׁנֶּאֱמַר
וַיָּשִׂימוּ עָלָיו שָׂרֵי מִסִּים שמות א
לְמַעַן עַנֹּתוֹ בְּסִבְלֹתָם
וַיִּבֶן עָרֵי מִסְכְּנוֹת לְפַרְעֹה
אֶת־פִּתֹם וְאֶת־רַעַמְסֵס:

---

varios años contra la discriminación de los miembros de fe judaica para ser nombrados parte de la Cámara de Lores, se escabulló de la jerarquía británica que le estaba felicitando por su logro y fue encontrado postrado en una plegaria en una pequeña sinagoga en el gueto de Withechapel en el este de Londres, sus labios murmuraban "Ojalá y esta libertad no signifique la disminución de nuestra fe" (Yaakov Herzog, "Un pueblo que habita solo").

PUSIERON SOBRE NOSOTROS DURA SERVIDUMBRE
como está dicho:
'Los egipcios hicieron trabajar *Éx. 1*
a los hijos
de Israel duramente'

"Y CLAMAMOS AL SEÑOR, *Deut. 26*
DIOS DE NUESTROS PADRES
Y ESCUCHÓ EL SEÑOR NUESTRA VOZ;
VIO NUESTRA AFLICCIÓN,
NUESTRO AGOTAMIENTO Y NUESTRA OPRESIÓN'.

Y CLAMAMOS AL SEÑOR,
DIOS DE NUESTROS PADRES
como está dicho:
'Y aconteció en aquellos días *Éx. 2*
en que murió el rey de Egipto,
que los hijos de Israel gemían por la servidumbre
y se lamentaron,
y su clamor subió a Dios
desde la servidumbre'

Y CLAMAMOS AL SEÑOR, DIOS DE NUESTROS PADRES
Las verdades más profundas a veces son dichas a través de un chiste. Se cuenta una historia acerca de una pareja judía altamente asimilada en el siglo diecinueve. Se habían unido a la nobleza y convertido en conde y condesa. Los condes esperaban un niño. El trabajo de parto comenzó y las enfermeras llegaron. Mientras tanto, el conde permanecía en su estudio, jugando a las cartas con un amigo. Del dormitorio comenzaron a oírse llantos. "¡Mon Dieu! ¡Mon Dieu!". "¿No deberías ir con tu esposa?", preguntó el amigo, "está dando a luz". El conde respondió, "Ahora no es el momento". Gritos más altos comenzaron a oírse "¡Mi Dios! ¡Mi Dios!". El amigo miró al conde, pero éste se encogió de hombros y dijo "Ahora no es el momento". Entonces se escuchó un tercer grito: "*¡Guevalt!*". El conde se levantó. "Ahora es el momento".

◀ Cuando

וַיִּתְּנוּ עָלֵינוּ עֲבֹדָה קָשָׁה

כְּמָה שֶׁנֶּאֱמַר

וַיַּעֲבִדוּ מִצְרַיִם אֶת־בְּנֵי יִשְׂרָאֵל בְּפָרֶךְ׃ שמות א

וַנִּצְעַק אֶל־יהוה אֱלֹהֵי אֲבֹתֵינוּ דברים כו

וַיִּשְׁמַע יהוה אֶת־קֹלֵנוּ

וַיַּרְא אֶת־עָנְיֵנוּ וְאֶת־עֲמָלֵנוּ וְאֶת־לַחֲצֵנוּ׃

וַנִּצְעַק אֶל־יהוה אֱלֹהֵי אֲבֹתֵינוּ

כְּמָה שֶׁנֶּאֱמַר

וַיְהִי בַיָּמִים הָרַבִּים הָהֵם שמות ב

וַיָּמָת מֶלֶךְ מִצְרַיִם

וַיֵּאָנְחוּ בְנֵי־יִשְׂרָאֵל מִן־הָעֲבֹדָה

וַיִּזְעָקוּ

וַתַּעַל שַׁוְעָתָם אֶל־הָאֱלֹהִים מִן־הָעֲבֹדָה׃

LOS EGIPCIOS PUSIERON SOBRE NOSOTROS DURA SERVIDUMBRE

Los sabios definieron "trabajo pesado" como "trabajo que no tiene límite de tiempo", como ordenarle a alguien que cave "hasta que regrese". Hay dos aspectos de la esclavitud, físico y psicológico, y la ley judía reconoce que los efectos psicológicos a veces pueden ser peores que la extenuación física que provoca el trabajo agotador. El "trabajo pesado" es un trabajo diseñado para destruir el espíritu de los esclavos al privarlos de la libertad de tomar decisiones y someterlos a la voluntad de otra persona. En el judaísmo, lo que es esencial para nuestra humanidad es nuestra voluntad, nuestra capacidad de tomar decisiones libres y, por lo tanto, elegir lo bueno, aunque es difícil, por sobre lo malo, aunque sea atractivo. Lo que es moralmente inaceptable de la esclavitud, por lo tanto, es su intento de destruir la voluntad independiente del esclavo.

Y ESCUCHÓ EL SEÑOR NUESTRA VOZ

como está escrito:
'Y el SEÑOR escuchó Éx. 2
sus lamentos y recordó Su pacto
con Abraham, con Isaac y con Jacob'.

Y VIO NUESTRA AFLICCIÓN

significa que se apartaron de sus mujeres,

---

mandamientos, aunque su sabiduría total siempre estará más allá de nuestro entendimiento. La obediencia en el judaísmo es una forma de escucha activa. El inglés pre moderno usó la palabra "*hearken*" para transmitir esta idea, pero ahora no hay una palabra de uso común que tenga este sentido preciso. "El SEÑOR escuchó" significa que "Él atendió los gritos de los israelitas y los puso en el contexto de la promesa que les había dado a los patriarcas de que sacaría con seguridad a sus hijos de la esclavitud y los devolvería a la tierra de Israel. Por lo tanto, Él sabía que tenía que actuar".

Y VIO NUESTRA AFLICCIÓN, SIGNIFICA QUE SE APARTARON DE SUS MUJERES
En el versículo anterior, esta "aflicción" fue interpretada como la carga del trabajo duro. Aquí, por lo tanto, debe referirse a otro tipo de sufrimiento. En Yom Kipur se nos ordena "afligirnos a nosotros mismos", y los sabios interpretaron que esta frase significa, entre otras cosas, que las relaciones sexuales están prohibidas en este día (Yomá 77a). El Talmud deriva esta comprensión de la advertencia de Labán a Jacob de que no "aflijas a mis hijas" (Gén. 31:50), significando, "No las prives de sus derechos conyugales".

Los egipcios, temiendo el aumento de la población de los israelitas, intentaron separar al hombre de su esposa. Una forma de hacerlo fue ordenar que los hombres trabajaran y durmieran en el campo, mientras las mujeres permanecían en las ciudades.

La tradición rabínica da cuenta de cómo las mujeres israelitas frustraron este plan.

> Rabí Shimón bar Jalafta dijo: ¿Qué hicieron las mujeres? Traían agua del Nilo. Dios arregló las cosas para que, junto con el agua, pudieran pescar. Algunas cocinaban los pescados. Otras los vendieron y con el dinero compraban vino. Luego salían al campo y daban comida y bebida a sus maridos. Las mujeres sacaban entonces sus espejos de bronce y se acicalaban para estar atractivas.

◂ Así fue

וַיִּשְׁמַע יהוה אֶת־קֹלֵנוּ

כְּמָה שֶׁנֶּאֱמַר

שמות ב וַיִּשְׁמַע אֱלֹהִים אֶת־נַאֲקָתָם

וַיִּזְכֹּר אֱלֹהִים אֶת־בְּרִיתוֹ

אֶת־אַבְרָהָם אֶת־יִצְחָק וְאֶת־יַעֲקֹב:

וַיַּרְא אֶת־עָנְיֵנוּ

זוֹ פְּרִישׁוּת דֶּרֶךְ אֶרֶץ

Cuando lloramos, caen las máscaras que nos ocultan hasta que finalmente alcanzamos el núcleo de lo que somos. El texto que lo demuestra, citado aquí (Éx. 2:23), usa tres verbos: "y los hijos de Israel gimieron (*vayeanjú*) a causa de la servidumbre, y clamaron (*vayizakú*) y su clamor por ayuda (*shaavatam*) subió a Dios". Inicialmente sus gritos fueron meras quejas. Luego se convirtieron en angustia. Finalmente se volvieron a Dios. Fue entonces cuando Dios supo que había llegado el momento.

Otra explicación: cuando la hija de Faraón se estaba bañando en el Nilo y vio la cesta que contenía a Moisés, leemos: "Lo abrió y vio al bebé (*yeled*) y he aquí que el joven (*naar*) estaba llorando" (Éx 2:6). El versículo comienza llamando a Moisés un bebé y termina llamándolo joven. Rashí explica que "lloró de forma adulta". Sobre esto, el rabino Meir Shapiro de Lublin comentó: "Hay dos formas de llorar. Un niño llora cuando siente dolor. Un adulto llora cuando ve sufriendo a alguien más". La princesa ya sintió en Moisés una sensibilidad al sufrimiento de los demás. "Lloramos" habla de lágrimas colectivas. Cuando los israelitas se movieron más allá de su propio dolor y lloraron por sus compañeros, Dios a cambio respondió a su clamor.

Y ESCUCHÓ EL SEÑOR

En la Torá, la palabra "Shemá" significa más que "escuchar". Significa "oír, prestar atención y actuar en consecuencia". Esto explica una característica inusual del hebreo bíblico, a saber, que no tiene una palabra que signifique "obedecer". La palabra utilizada por la Torá es "*shemá*", que significa "escucha atentamente y actúa en consecuencia". El judaísmo no exige obediencia ciega. Por el contrario, nos pide, en la medida de lo posible, que comprendamos las razones de los

como está dicho;
'el SEÑOR vio a los hijos de Israel, *Éx. 2*
y el SEÑOR los comprendió'.

Y NUESTRO AGOTAMIENTO
se refiere al sufrimiento de sus hijos,
como está dicho:
'A todo hijo *Éx. 1*
que naciere lo arrojarás al río,
y a toda hija dejarás vivir'.

Y NUESTRA OPRESIÓN,
se refiere al vejamen,
como está dicho:
'Y también he visto *Éx. 3*
la opresión
con la cual los egipcios los oprimen'.

---

esposa (Gén. 4:1), lo que significa que se unió a ella, física, emocional y moralmente Dios dice acerca de Abraham: "Lo he conocido" (Gén. 18:19), lo que significa: "Lo he elegido, he puesto mi amor en él, he hecho un pacto con él". En la Torá, el conocimiento no es simplemente un atributo intelectual. También tiene consecuencias en la emoción y en la acción. En este caso, "y Dios sabía" significa que Él no solo vio el sufrimiento de los israelitas, sino que le dolió y decidió actuar para redimirlos.

"NUESTRO TRABAJO" – [LA MATANZA] DE LOS HIJOS
Los sabios se hacen eco aquí de un verso del Libro de Job (5:7): "El hombre nace para trabajar (*leamal*)". Esta evocación aumenta nuestro sentido de patetismo ante la difícil situación de los niños varones condenados a muerte. El Libro de Job es una meditación sobre el sufrimiento de los inocentes. Los sabios reflexionaron sobre la inocencia aún mayor de los niños condenados a muerte por Egipto. Esta reflexión reverbera aún más fuertemente después del Holocausto, durante el cual fueron asesinados un millón y medio de niños judíos.

"Y LA ESCLAVITUD" – EL TRABAJO FORZADO
Los sabios están traduciendo el hebreo bíblico (*lajatz*) al hebreo rabínico (*dejak*).

כְּמָה שֶׁנֶּאֱמַר
שמות ב וַיַּרְא אֱלֹהִים אֶת־בְּנֵי יִשְׂרָאֵל
וַיֵּדַע אֱלֹהִים:

וְאֶת־עֲמָלֵנוּ

אֵלּוּ הַבָּנִים
כְּמָה שֶׁנֶּאֱמַר
שמות א כָּל־הַבֵּן הַיִּלּוֹד, הַיְאֹרָה תַּשְׁלִיכֻהוּ
וְכָל־הַבַּת תְּחַיּוּן:

וְאֶת־לַחֲצֵנוּ

זֶה הַדְּחַק
כְּמָה שֶׁנֶּאֱמַר
שמות ג וְגַם־רָאִיתִי אֶת־הַלַּחַץ
אֲשֶׁר מִצְרַיִם לֹחֲצִים אֹתָם:

Así fue como continuó la vida familiar, y los israelitas se multiplicaron y crecieron. Más tarde, cuando los israelitas estaban en el desierto y Dios le ordenó a Moisés que hiciera el Tabernáculo, algunos trajeron regalos de oro, otros de plata. Las mujeres dijeron: "¿Qué tenemos para aportar?" Trajeron sus espejos de bronce. Al principio, Moisés estaba enojado y se negó a aceptarlos. Pero Dios le dijo: "Moisés, ¿desprecias este regalo? Debido a estos espejos, todas estas multitudes nacieron en Egipto. Tómalos y conviértelos en el cuenco de bronce con la que los sacerdotes se purificarán" (Tanjuma, *Pekudei* 9).

EL SEÑOR VIO A LOS HIJOS DE ISRAEL, Y EL SEÑOR LOS COMPRENDIÓ
El verbo "saber" en hebreo significa algo bastante diferente de su uso en griego y en el pensamiento occidental posterior. El saber, para los griegos, era una forma de cognición, una evaluación separada de los hechos. En la Torá, el conocimiento es una forma de relación moral, un compromiso. Así, Adam "conoció" a su

"Y NOS LIBERÓ EL SEÑOR DE EGIPTO *Deut. 26*
CON MANO FUERTE Y BRAZO EXTENDIDO,
CON GRAN TEMOR, Y CON SEÑALES
Y MARAVILLOSOS MILAGROS."

Y NOS LIBERÓ EL SEÑOR DE EGIPTO
No por medio de un ángel,
tampoco por un serafín
ni por medio de algún mensajero,
sino el Santo Bendito Sea mismo en Su gloria
y en Su Persona,
como dice el versículo:
'Y pasaré por la tierra de Egipto en aquella noche, *Éx. 12*
y heriré a todo primogénito de Egipto,
tanto hombre como bestia,
y haré juicio contra todos los dioses de Egipto.
Yo, soy el SEÑOR'.

Sin embargo, esta distancia aparentemente infinita crea una posibilidad de comunicación. Dios le habla a la humanidad. La humanidad le habla a Dios. Entre ellos se encuentra el vínculo del lenguaje.

En el mundo de los mitos no había necesidad de revelación. Los dioses se revelaban constantemente, en el sol naciente y poniente, en la lluvia que caía, en el viento que soplaba. En el judaísmo, la revelación es tanto necesaria como posible, y se lleva a cabo no a través de una demostración de poder, sino a través de la comunicación del significado, es decir, por medio de palabras, promesas, mandamientos y oraciones. El lenguaje se inviste de santidad. En la Torá, Dios nos habla. En la plegaria, hablamos con Dios. Porque Dios es Dios, el hombre puede convertirse en hombre. Debido a que Él es absolutamente trascendente, deja espacio para la acción humana libre, cuya forma más elevada es convertirse en "socio del Santo, bendito sea Él, en el acto de la Creación" (Shabat 10a). Esta era una forma completamente nueva de conciencia religiosa, y hoy en día solo se comprende de manera incompleta.

El drama de las plagas es una doble confrontación. En un nivel, es una batalla entre Faraón y Moisés, dos seres humanos. En otro, es un combate entre el hombre que cree que es un dios y Dios mismo. Los egipcios adoraban la naturaleza:

◂ la combinación

דברים כו
וַיּוֹצִאֵנוּ יהוה מִמִּצְרַיִם
בְּיָד חֲזָקָה וּבִזְרֹעַ נְטוּיָה
וּבְמֹרָא גָּדֹל
וּבְאֹתוֹת וּבְמֹפְתִים:

וַיּוֹצִאֵנוּ יהוה מִמִּצְרַיִם
לֹא עַל יְדֵי מַלְאָךְ
וְלֹא עַל יְדֵי שָׂרָף
וְלֹא עַל יְדֵי שָׁלִיחַ
אֶלָּא הַקָּדוֹשׁ בָּרוּךְ הוּא בִּכְבוֹדוֹ וּבְעַצְמוֹ
שֶׁנֶּאֱמַר
שמות יב
וְעָבַרְתִּי בְאֶרֶץ־מִצְרַיִם בַּלַּיְלָה הַזֶּה
וְהִכֵּיתִי כָל־בְּכוֹר בְּאֶרֶץ מִצְרַיִם
מֵאָדָם וְעַד־בְּהֵמָה
וּבְכָל־אֱלֹהֵי מִצְרַיִם אֶעֱשֶׂה שְׁפָטִים
אֲנִי יהוה:

NO POR MEDIO DE UN ÁNGEL, TAMPOCO POR UN SERAFÍN
NI POR MEDIO DE ALGÚN MENSAJERO

Llama la atención la omisión casi completa en la Hagadá de cualquier referencia a Moisés y a su parte en la redención. Todo el énfasis está en los actos salvíficos de Dios.

Para entender esto, debemos recordar la cosmovisión del antiguo Egipto. Los faraones eran considerados dioses encarnados, generalmente del sol. La Torá fue el primer documento en la historia en insistir en la separación completa entre Dios, la naturaleza y la humanidad. Dios es absolutamente trascendente. No puede identificarse con un fenómeno de la naturaleza o con un ser humano, por más exaltado que sea.

'Y pasaré por la tierra de Egipto' – Yo, y no un ángel.
'Y heriré de muerte
a todo primogénito' – Yo, y no un serafín.
'Y haré juicio contra todos
los dioses de Egipto' – Yo, y no un mensajero.
'Yo, soy el Señor' – Yo, y ningún otro.

CON MANO FUERTE

Se refiere a la peste,
como está escrito:
'He aquí que la mano del Señor *Éx. 9*
caerá sobre tu ganado
que está en el campo,
los caballos, los asnos, los camellos,
las vacas y las ovejas
con gran epidemia.'

Y CON BRAZO EXTENDIDO

Se refiere, a la espada,
como dice el versículo:
'La espada estaba desenvainada *1 Cr. 21*
en su mano,
extendida sobre Jerusalén'.

---

egipcia para enseñar a los egipcios que no se puede adorar a la naturaleza a costa de subyugar al hombre.

Era esencial tanto para los israelitas como para los egipcios comprender que esta no era una obra del hombre, sino de Dios. De ahí el énfasis en todo el Seder en la intervención de Dios mismo, como si se dijera que Moisés no era un equivalente judío de Faraón, un hombre-dios, un hacedor de hechos poderosos con las fuerzas de la naturaleza a sus órdenes. El agente activo durante todo el proceso de redención fue Dios mismo.

וְעָבַרְתִּי בְאֶרֶץ־מִצְרַיִם אֲנִי וְלֹא מַלְאָךְ
וְהִכֵּיתִי כָל־בְּכוֹר אֲנִי וְלֹא שָׂרָף
וּבְכָל־אֱלֹהֵי מִצְרַיִם אֶעֱשֶׂה שְׁפָטִים אֲנִי וְלֹא הַשָּׁלִיחַ
אֲנִי יהוה אֲנִי הוּא וְלֹא אַחֵר

בְּיָד חֲזָקָה

זוֹ הַדֶּבֶר
כְּמָה שֶׁנֶּאֱמַר
הִנֵּה יַד־יהוה הוֹיָה (שמות ט)
בְּמִקְנְךָ אֲשֶׁר בַּשָּׂדֶה
בַּסּוּסִים בַּחֲמֹרִים בַּגְּמַלִּים
בַּבָּקָר וּבַצֹּאן
דֶּבֶר כָּבֵד מְאֹד:

וּבִזְרֹעַ נְטוּיָה

זוֹ הַחֶרֶב
כְּמָה שֶׁנֶּאֱמַר
וְחַרְבּוֹ שְׁלוּפָה בְּיָדוֹ (דברי הימים א׳ כא)
נְטוּיָה עַל־יְרוּשָׁלָיִם:

---

la combinación de sol y agua que hizo del delta del Nilo en ese momento uno de los lugares más fértiles de la tierra. Cada una de las primeras nueve plagas está diseñada para mostrar tanto a los israelitas como a los egipcios que la naturaleza no es la última realidad. Puede ser una bendición; también puede ser una maldición. Una por una, se anulan las características familiares de la ecología

CON GRAN TEMOR

Se refiere a la revelación
de la Presencia Divina.
Lo deducimos del versículo:
'¿Acaso ha intentado algún dios liberar *Deut. 4*
a un pueblo en el seno de otro
con prodigios, señales,
milagros, guerras,
con mano fuerte
y brazo extendido,
y gran tremor,
como hizo por vosotros el Señor vuestro Dios,
en Egipto
ante vuestros ojos?

CON SEÑALES

alude a la vara de Moisés,
como versa:
'Toma esta vara *Deut. 4*
en tu mano,
y con ella harás señales.'

Y CON MARAVILLOSOS MILAGROS

se refiere a la sangre, *Joel 3*
como versa:
'Mostraré maravillosos milagros
en los cielos y en la tierra'.

Se derrama una gota del vino de la copa al mencionar cada milagro.

SANGRE, Y FUEGO
Y COLUMNAS DE HUMO

וּבְמֹרָא גָּדֹל

זֶה גִּלּוּי שְׁכִינָה

כְּמָה שֶׁנֶּאֱמַר

אוֹ הֲנִסָּה אֱלֹהִים לָבוֹא לָקַחַת לוֹ גוֹי מִקֶּרֶב גּוֹי דברים ד

בְּמַסֹּת בְּאֹתֹת וּבְמוֹפְתִים וּבְמִלְחָמָה

וּבְיָד חֲזָקָה, וּבִזְרוֹעַ נְטוּיָה

וּבְמוֹרָאִים גְּדֹלִים

כְּכֹל אֲשֶׁר־עָשָׂה לָכֶם יהוה אֱלֹהֵיכֶם בְּמִצְרַיִם

לְעֵינֶיךָ:

וּבְאֹתוֹת

זֶה הַמַּטֶּה

כְּמָה שֶׁנֶּאֱמַר

וְאֶת־הַמַּטֶּה הַזֶּה תִּקַּח בְּיָדֶךָ שמות ד

אֲשֶׁר תַּעֲשֶׂה־בּוֹ אֶת־הָאֹתֹת:

וּבְמֹפְתִים

זֶה הַדָּם

כְּמָה שֶׁנֶּאֱמַר

וְנָתַתִּי מוֹפְתִים יואל ג

בַּשָּׁמַיִם וּבָאָרֶץ

Se derrama una gota del vino de la copa al mencionar cada milagro.

דָּם וָאֵשׁ וְתִימְרוֹת עָשָׁן:

דָּבָר אַחֵר Otra explicación:

'con mano fuerte' indica	dos plagas
'con brazo extendido'	dos más
'con gran temor'	dos más
'con señales'	dos más
'con maravillosos milagros'	dos más.

HE AQUÍ LAS DIEZ PLAGAS

que el SEÑOR trajo
sobre los egipcios
en Egipto:

Las plagas mismas ocupan el límite, tan común a la Torá, entre lo natural y lo sobrenatural. Los comentaristas se han dividido entre aquellos que enfatizan su carácter milagroso y otros que han tratado de proporcionar una versión científica de los desastres en términos de una serie de reacciones en cadena a un desastre ecológico inicial, posiblemente la aparición de algas en el Nilo, que convirtió el color del agua al rojo e hizo que murieran los peces. La opinión que nos resulte más convincente dependerá de si entendemos la palabra "milagro" como una suspensión de las leyes de la naturaleza, o un evento que ocurre dentro de sus leyes, pero que, al suceder cuándo y a quién lo hace, revela un patrón providencial en la Historia.

La Torá es ambigua al respecto, al igual que con muchas otras cosas, es por esto por lo que se comunica a tantos niveles. Ciertamente, las plagas son un tipo de evento no desconocido en esa parte del mundo. Lo que es más significativo, un hecho enfatizado por la Torá, es que, como signos de Dios, hablan el idioma de los egipcios. Los egipcios adoraban a la naturaleza, y ahora la naturaleza se estaba volviendo contra ellos, el mensaje que transmitían las plagas era doble. Si la naturaleza era una fuerza, a su vez estaba controlada por una fuerza superior, y este poder superior era moral. En ninguna parte ello está en evidencia más claramente que en la primera plaga. Los egipcios habían ahogado a niños israelitas en el Nilo, y ahora sus aguas se estaban volviendo rojas. Aquí captamos un eco de las palabras de Dios a Caín después del primer asesinato registrado: "La sangre de tu hermano me grita desde la tierra" (Gén. 4:10).

No menos importante es la burla irónica de la Torá de las pretensiones humanas de desafiar a Dios. Así, los magos egipcios replican las dos primeras plagas, sangre y ranas, aparentemente inconscientes del hecho de que están empeorando las cosas, y no mejorándolas.

◂ La plaga

דָּבָר אַחֵר

בְּיָד חֲזָקָה שְׁתַּיִם
וּבִזְרֹעַ נְטוּיָה שְׁתַּיִם
וּבְמֹרָא גָּדֹל שְׁתַּיִם
וּבְאֹתוֹת שְׁתַּיִם
וּבְמֹפְתִים שְׁתַּיִם

אֵלּוּ עֶשֶׂר מַכּוֹת

שֶׁהֵבִיא הַקָּדוֹשׁ בָּרוּךְ הוּא
עַל הַמִּצְרִים בְּמִצְרַיִם
וְאֵלּוּ הֵן

LAS PLAGAS

El relato de las diez plagas es lo más cercano que la Biblia Hebrea llega a parecerse a la tragedia griega. La soberbia de Faraón lleva a la némesis. Al negarse en repetidas ocasiones a dejar ir a los israelitas, trae el desastre a sí mismo y a su país. Es una de las grandes confrontaciones entre el líder cuasi divino del imperio más grande del mundo antiguo y el Dios que interviene para ayudar a un grupo indefenso de esclavos.

En su primer encuentro, Faraón despide a Moisés con desprecio. "Pero dijo Faraón: '¿Quién es Dios para que yo obedezca su voz y envíe a Israel? y, lo que, es más, no voy a enviar a Israel'" (Éx. 5:2). En este punto, la reacción de Faraón es comprensible. Dentro de su cosmovisión, el Dios de Moisés no es más que una deidad tribal, cuya impotencia se demuestra por el hecho de que su pueblo es esclavo. A medida que las plagas cobran impulso y emerge el asombroso poder de Dios, la obstinación de Faraón se eleva a proporciones trágicas. Durante las primeras cinco plagas él "endurece su corazón". A partir de entonces, se dice que Dios "endurece su corazón", lo que significa que ahora Faraón se ha convertido en prisionero de su propio orgullo. No solo los israelitas son los esclavos. Faraón también se ha convertido en esclavo de su ceguera moral. En la octava plaga, los propios servidores de Faraón le ruegan que ceda: "¿No te das cuenta cómo está arruinado el país?" (Éx. 10:7). Sin embargo, después de haber cerrado los oídos a las súplicas de Moisés, Faraón ya no puede escuchar la angustia de su propio pueblo.

Se vierte una gota del vino de la copa al mencionar cada una de las plagas y cada uno de los acrónimos DETZAJ, ADASH *y* BEAJAV.

SANGRE RANAS PIOJOS
FIERAS PESTE SARNA
GRANIZO LANGOSTAS OSCURIDAD
MUERTE DE LOS PRIMOGÉNITOS

Rabí Yehudá designó
las plagas abreviándolas en tres siglas:
DETZAJ, ADASH, BEAJAV.

---

en el parto. La invasión de Egipto por las ranas puede haber sido interpretada por ellos como un signo de justicia por la matanza de niños israelitas recién nacidos. La Torá no se detiene en ningún detalle en estos simbolismos porque estaban dirigidos a los egipcios. Son ellos, más que los israelitas, quienes habrían entendido su mensaje.

RABÍ YEHUDÁ HACE ACRÓNIMOS DE LAS PLAGAS

Rabí Yehudá agrupa las plagas en tres porque, con la excepción de la última, ocurrieron en un patrón triple. Aarón realizó las tres primeras, las tres segundas fueron de Moisés y las tres últimas de Moisés "extendiendo la mano". En cada grupo, el primero fue precedido por una advertencia "en la mañana", el segundo por una advertencia cuyo tiempo no se especifica, y el tercero llegó sin previo aviso.

DERRAMAR VINO

Nuestra costumbre es derramar una gota de vino ante las palabras "Sangre", "Fuego" y "Pilares de humo"; a la mención de cada una de las plagas; y ante las tres palabras de la nemotécnica de Rabí Yehudá. Se han dado muchas explicaciones. La más bella es la de Abudraham, que la interpreta de acuerdo con el versículo en Proverbios, "No te regocijes cuando cae tu enemigo" (24:17). Incluso cuando damos gracias por el milagro de las plagas, como resultado de lo cual nuestros antepasados obtuvieron su libertad, también derramamos una lágrima simbólica por los que sufrieron. Según algunos comentaristas, es por eso que la Torá no menciona la palabra *simjá*, "regocijo", en relación con Pesaj, a diferencia de las otras solemnidades. Un pasaje talmúdico (Meguilá 10b) afirma que cuando las aguas del mar volvieron y atraparon al ejército egipcio que los perseguía, los ángeles deseaban cantar una canción de alabanza. Dios los silenció con las palabras: "Mis criaturas se están ahogando en el mar y ¿quieren entonar una canción?". Dios no se regocija en la caída de los impíos.

◂ La madurez

Se vierte una gota del vino de la copa al mencionar cada una de las plagas y cada uno de los acrónimos דצ״ך,עד״ש באח״ב.

דָּם צְפַרְדֵּעַ כִּנִּים

עָרוֹב דֶּבֶר שְׁחִין

בָּרָד אַרְבֶּה חֹשֶׁךְ

מַכַּת בְּכוֹרוֹת.

רַבִּי יְהוּדָה הָיָה נוֹתֵן בָּהֶם סִימָנִים

דְּצַ״ךְ עֲדַ״שׁ בְּאַחַ״ב

La plaga que los derrota es la de los piojos. Este es un comentario sarcástico sobre la escala monumental de la arquitectura egipcia. Los egipcios creían que los dioses se encontraban en cosas grandes. Dios les muestra su presencia en algo tan pequeño como para ser casi invisible (compárese con T. S. Eliot "Te mostraré miedo en un puñado de polvo" ["La Tierra Baldía"]). La ironía se repite en la división del mar Rojo, donde el mayor activo militar de Faraón, los carros, demuestran ser su ruina, ya que sus ruedas se hunden en el barro. La clave de las plagas, como en el pacto de Dios con Noé, es el principio de reciprocidad: así como lo hagas, así tendrás que hacerlo. Los que dañan a los demás serán perjudicados. Las naciones que comienzan privando a otros de su libertad al final se destruyen a sí mismas. Históricamente, esto fue así. Egipto nunca más recuperó la grandeza que había disfrutado en la primera parte del gobierno de Ramsés II.

LA PLAGA COMO "JUICIO SOBRE TODOS LOS DIOSES DE EGIPTO"

Varias veces en la Torá, se dice que Dios realiza un juicio contra los dioses de Egipto. La novena plaga, la oscuridad, parece romper la secuencia de las ocho anteriores, que hasta ese momento se han vuelto cada vez más severas. Un período de oscuridad no parece más que una incomodidad. Su importancia radica en el hecho de que Ra o Re, el dios del sol, fue el más grande en el panteón de las deidades egipcias. La novena plaga, que borró la luz del sol, puede haber estado dirigida no contra los egipcios sino contra su objeto de adoración. Probablemente este sea también el significado de la primera plaga, la conversión del Nilo en sangre. El río también fue adorado por los egipcios, en forma de Hapy, el dios del Nilo. Un motivo similar también puede estar presente en la segunda plaga. Los egipcios sabían de una Diosa rana, Heket, quien se creía que ayudaba a las mujeres

רַבִּי יוֹסֵי הַגְּלִילִי

RABÍ Yosi Haglilí dijo, ¿De dónde sabemos
que los egipcios fueron castigados en Egipto con diez plagas
y en el Mar con cincuenta plagas?
Al hablar de las plagas de Egipto, el versículo dice:
'Y dijeron los hechiceros a Faraón: *dedo* del SEÑOR es éste.' *Éx. 8*
Respecto al Mar, sin embargo, está escrito:
'Israel vio la *mano* poderosa que el SEÑOR descargó sobre Egipto, *Éx. 14*
y el pueblo temió al SEÑOR
y creyó en el SEÑOR y en Moisés, Su siervo.'
¿Cuántas plagas fueron con el dedo? Diez plagas;
de aquí aprendemos
QUE EN EGIPTO OCURRIERON DIEZ PLAGAS
Y EN EL MAR, CINCUENTA.

RABÍ YOSI HAGALILÍ DICE

Este diálogo, entre Rabí Yosi, Rabí Eliézer y Rabí Akiva, se incluyó aquí como un ejemplo del tipo de conversación que mantuvieron a los sabios despiertos toda la noche en Benei Beraq. Detrás de esto, el punto es que el milagro en el mar Rojo fue mayor que las diez plagas. Ejemplificó el principio de "medida por medida": los egipcios habían ahogado a los niños israelitas y ahora ellos también fueron ahogados. También marcó el límite decisivo entre la esclavitud y la libertad. Una vez que los israelitas cruzaron el mar, no pudieron regresar. Ya no estaban dentro del territorio gobernado por Faraón. Se habían convertido en el pueblo de Dios de una manera que podían sentir de inmediato. Es por eso que recitamos el Cántico del Mar todos los días, pero solo en Pesaj referimos las Diez Plagas.

Y EL PUEBLO ... CREYÓ EN EL SEÑOR Y EN MOISÉS, SU SIERVO

Esta referencia incidental es la única mención de Moisés en la noche del Seder. Nada más llamativo transmite la diferencia entre Moisés y Faraón, y los sistemas de valores que representaban. Faraón fue el dios del sol hecho presencia. En el judaísmo, ningún ser humano es un dios o un ser divino, pero todos somos imagen de Dios. El Éxodo fue el preludio de un orden político-religioso en el que somos ciudadanos iguales bajo la soberanía de Dios y en el que nadie necesita un intermediario, un dios, sacerdote o persona santa, para acercarse a Él. Solo bajo el dosel sagrado de la fe, una sociedad entera, a diferencia de los individuos excepcionales, logra su plena estatura y libertad.

רַבִּי יוֹסֵי הַגְּלִילִי אוֹמֵר

מִנַּיִן אַתָּה אוֹמֵר
שֶׁלָּקוּ הַמִּצְרִים בְּמִצְרַיִם עֶשֶׂר מַכּוֹת
וְעַל הַיָּם לָקוּ חֲמִשִּׁים מַכּוֹת
בְּמִצְרַיִם מַה הוּא אוֹמֵר
וַיֹּאמְרוּ הַחַרְטֻמִּם אֶל־פַּרְעֹה, אֶצְבַּע אֱלֹהִים הִוא: שמות ח
וְעַל הַיָּם מַה הוּא אוֹמֵר
וַיַּרְא יִשְׂרָאֵל אֶת־הַיָּד הַגְּדֹלָה אֲשֶׁר עָשָׂה יהוה בְּמִצְרַיִם שמות יד
וַיִּירְאוּ הָעָם אֶת־יהוה
וַיַּאֲמִינוּ בַּיהוה וּבְמֹשֶׁה עַבְדּוֹ:
כַּמָּה לָקוּ בְּאֶצְבַּע, עֶשֶׂר מַכּוֹת.
אֱמֹר מֵעַתָּה
בְּמִצְרַיִם לָקוּ עֶשֶׂר מַכּוֹת
וְעַל הַיָּם לָקוּ חֲמִשִּׁים מַכּוֹת.

La madurez moral implica la capacidad de vivir con situaciones y emociones complejas. Un evento puede satisfacernos porque representa el triunfo de la justicia, al mismo tiempo que nos identificamos con el sufrimiento de las víctimas. Uno de los triunfos del judaísmo es que refleja la complejidad de la vida moral sin caer en el escepticismo o al relativismo. Los héroes de la Torá rara vez carecen de defectos, ni los villanos carecen por completo de virtudes. Esto no nos impide hacer juicios morales, como tampoco el gris refuta la existencia del blanco y negro. Pero debería protegernos contra el tipo de actitud que surgió entre los sectarios de los Rollos del Mar Muerto, que dividieron a la humanidad en los "hijos de la luz" y los "hijos de la oscuridad". El judaísmo prohíbe el *schadenfreude,* el sentimiento de alegría o satisfacción generado por la infelicidad de otro. Fue la primera fe en la historia en enseñar la unidad de la humanidad bajo la paternidad universal de Dios. Las lágrimas, por lo tanto, son un lenguaje universal, y la simpatía no debe conocer fronteras religiosas o nacionales.

Rabí Eliézer pregunta:
¿De dónde se deduce que cada una de las plagas
que el SEÑOR envió a los egipcios en Egipto
equivalía a cuatro plagas?
Leemos en los Salmos:
"Envió sobre los egipcios el furor de su cólera: *Sal. 78*
ira, enojo, angustia, y un tropel de ángeles malos."
'ira' indica uno
'enojo' indica dos
'angustia' indica tres
'ángeles malos' indica cuatro
De acuerdo a este cálculo,
EN EGIPTO
FUERON CASTIGADOS CON CUARENTA PLAGAS,
MIENTRAS QUE EN EL MAR
FUERON CASTIGADOS CON DOSCIENTAS:

Rabí Akiva pregunta: ¿De dónde inferimos que cada plaga
que el SEÑOR envió a los egipcios en Egipto
equivalió a cinco plagas?
Según leemos:
'Envió contra ellos el furor de su cólera, *Sal. 78*
ira y enojo, angustia, y un tropel de ángeles malos'.
'el furor de su cólera' indica una
'ira' indica dos
'enojo' indica tres
'angustia' indica cuatro
'ángeles malos' indica cinco
Por lo tanto,
EN EGIPTO
FUERON CASTIGADOS CON CINCUENTA PLAGAS,
MIENTRAS QUE EN EL MAR
FUERON CASTIGADOS CON
DOSCIENTAS CINCUENTA PLAGAS.

רַבִּי אֱלִיעֶזֶר אוֹמֵר מִנַּיִן שֶׁכָּל מַכָּה וּמַכָּה
שֶׁהֵבִיא הַקָּדוֹשׁ בָּרוּךְ הוּא עַל הַמִּצְרִים בְּמִצְרַיִם
הָיְתָה שֶׁל אַרְבַּע מַכּוֹת, שֶׁנֶּאֱמַר: יְשַׁלַּח־בָּם חֲרוֹן אַפּוֹ עֶבְרָה וָזַעַם וְצָרָה, מִשְׁלַחַת מַלְאֲכֵי רָעִים: תהלים עח

עֶבְרָה	אַחַת
וָזַעַם	שְׁתַּיִם
וְצָרָה	שָׁלוֹשׁ
מִשְׁלַחַת מַלְאֲכֵי רָעִים	אַרְבַּע

אֱמֹר מֵעַתָּה

בְּמִצְרַיִם לָקוּ אַרְבָּעִים מַכּוֹת
וְעַל הַיָּם לָקוּ מָאתַיִם מַכּוֹת.

רַבִּי עֲקִיבָא אוֹמֵר מִנַּיִן שֶׁכָּל מַכָּה וּמַכָּה
שֶׁהֵבִיא הַקָּדוֹשׁ בָּרוּךְ הוּא עַל הַמִּצְרִים בְּמִצְרַיִם
הָיְתָה שֶׁל חָמֵשׁ מַכּוֹת, שֶׁנֶּאֱמַר: יְשַׁלַּח־בָּם חֲרוֹן אַפּוֹ עֶבְרָה וָזַעַם וְצָרָה, מִשְׁלַחַת מַלְאֲכֵי רָעִים: תהלים עח

חֲרוֹן אַפּוֹ	אַחַת
עֶבְרָה	שְׁתַּיִם
וָזַעַם	שָׁלוֹשׁ
וְצָרָה	אַרְבַּע
מִשְׁלַחַת מַלְאֲכֵי רָעִים	חָמֵשׁ

אֱמֹר מֵעַתָּה

בְּמִצְרַיִם לָקוּ חֲמִשִּׁים מַכּוֹת
וְעַל הַיָּם לָקוּ חֲמִשִּׁים וּמָאתַיִם מַכּוֹת.

כַּמָּה מַעֲלוֹת טוֹבוֹת

¡CUÁNTA GRATITUD LE DEBEMOS AL OMNIPRESENTE!

Si nos hubiera sacado de Egipto,
y no les hubiese hecho juicio,
nos bastaría

Si les hubiera castigado,
y no hubiese destruido a sus ídolos,
nos bastaría

Si hubiera destruido a sus ídolos,
y no hubiese matado a los primogénitos,
nos bastaría

Si hubiera matado a los primogénitos,
y no nos hubiese dado sus riquezas,
nos bastaría

Si nos hubiera dado sus riquezas,
y no nos hubiese separado las aguas del mar,
nos bastaría

Eso es como si el poeta estuviera diciendo: donde se quejaron, demos gracias. Cada etapa fue un milagro. Cada uno hubiera sido suficiente para convencernos de que hay una Providencia trabajando por nuestro destino.

Como señala Hegel, la esclavitud da lugar a una cultura de resentimiento, a un descontento generalizado; y los israelitas fueron esclavos recién liberados. Una señal de libertad es la capacidad de gratitud. Solo una persona libre puede agradecer con todo el corazón.

SI NOS HUBIERA DADO SUS RIQUEZAS

Antes de que los israelitas salieran de Egipto, se les ordenó pedir a sus vecinos plata y oro y otros objetos preciosos. La moral de esta acción ha sido durante mucho tiempo una fuente de perplejidad. La clave para entenderla reside en

◂ la ley posterior

כַּמָּה מַעֲלוֹת טוֹבוֹת לַמָּקוֹם עָלֵינוּ

אִלּוּ הוֹצִיאָנוּ מִמִּצְרַיִם
וְלֹא עָשָׂה בָהֶם שְׁפָטִים דַּיֵּנוּ

אִלּוּ עָשָׂה בָהֶם שְׁפָטִים
וְלֹא עָשָׂה בֵאלֹהֵיהֶם דַּיֵּנוּ

אִלּוּ עָשָׂה בֵאלֹהֵיהֶם
וְלֹא הָרַג אֶת בְּכוֹרֵיהֶם דַּיֵּנוּ

אִלּוּ הָרַג אֶת בְּכוֹרֵיהֶם
וְלֹא נָתַן לָנוּ אֶת מָמוֹנָם דַּיֵּנוּ

אִלּוּ נָתַן לָנוּ אֶת מָמוֹנָם
וְלֹא קָרַע לָנוּ אֶת הַיָּם דַּיֵּנוּ

NOS BASTARÍA

Esta serie de alabanzas, con el refrán "Dayeinu", enumera las bondades de Dios para con su pueblo en el largo viaje de la esclavitud a la libertad. El número quince —los actos que enumera el poema— tienen una profunda asociación con el agradecimiento, recordándonos los quince salmos que llevan el título de *Shir Hamaalot,* "Una canción de grados", y los quince pasos en el Templo en los que los levitas se paraban mientras cantaban a Dios.

La palabra *day,* que significa "suficiente", hace eco de la frase de Malaquías (3:10), recitada como parte de la *haftará* del Shabat anterior a Pesaj, "Te daré una bendición *ad bli day*", que los sabios tradujeron como "hasta que tus labios se agoten al decir: "Suficiente" (Taanit 9a).

Esta canción es un *tikún,* una reparación justa, contra la ingratitud de los israelitas en el desierto. En casi todas las etapas del camino se quejaron: por el agua, por la comida, por las dificultades del viaje, por el desafío de conquistar la tierra.

Si nos hubiese separado las aguas del mar,
y no nos hubiese conducido por camino seco,
nos bastaría

Si nos hubiera conducido por camino seco,
y no hubiese ahogado a nuestros opresores,
nos bastaría

Si hubiera ahogado a nuestros opresores,
y no hubiese satisfecho
nuestras necesidades en el desierto,
nos bastaría

Si hubiera satisfecho
nuestras necesidades en el desierto,
y no nos hubiese dado el 'maná',
nos bastaría

Si nos hubiera dado el 'maná'
y no nos hubiese concedido el Shabat,
nos bastaría

Si nos hubiese concedido el Shabat,
y no nos hubiese congregado
en el Monte Sinaí,
nos bastaría

Torá) sugiere que la frase "y despojaréis a los egipcios" (Éx. 3:22), es una traducción errónea. El verbo *venitzaltem* no significa "despojarán" sino "salvarán"; es decir, "salvaguardarán la reputación de los egipcios y su posición en tus ojos". La Torá no quería que los israelitas albergaran mala voluntad hacia los egipcios. De hecho, prohíbe el resentimiento: "No despreciarás a un egipcio, porque fuiste un extraño en su tierra" (Deut. 23:8). Solo cuando se ha hecho justicia, cuando un esclavo recibe una compensación por su esclavitud, se puede abandonar el pasado y dar forma a una nueva sociedad sin animosidades persistentes.

SI NOS HUBIERA DADO EL SHABAT

Shabat es la máxima expresión de una sociedad libre, la antítesis de la esclavitud en

◂ Egipto.

אִלּוּ קָרַע לָנוּ אֶת הַיָּם
וְלֹא הֶעֱבִירָנוּ בְתוֹכוֹ בֶּחָרָבָה דַּיֵּנוּ

אִלּוּ הֶעֱבִירָנוּ בְתוֹכוֹ בֶּחָרָבָה
וְלֹא שִׁקַּע צָרֵינוּ בְּתוֹכוֹ דַּיֵּנוּ

אִלּוּ שִׁקַּע צָרֵינוּ בְּתוֹכוֹ
וְלֹא סִפֵּק צָרְכֵּנוּ בַּמִּדְבָּר
אַרְבָּעִים שָׁנָה דַּיֵּנוּ

אִלּוּ סִפֵּק צָרְכֵּנוּ בַּמִּדְבָּר אַרְבָּעִים שָׁנָה
וְלֹא הֶאֱכִילָנוּ אֶת הַמָּן דַּיֵּנוּ

אִלּוּ הֶאֱכִילָנוּ אֶת הַמָּן
וְלֹא נָתַן לָנוּ אֶת הַשַּׁבָּת דַּיֵּנוּ

אִלּוּ נָתַן לָנוּ אֶת הַשַּׁבָּת
וְלֹא קֵרְבָנוּ לִפְנֵי הַר סִינַי דַּיֵּנוּ

---

la ley posterior a la que dio origen. Cuando dejas a un esclavo en libertad, la Torá ordena, "no le enviarás con las manos vacías. Le abastecerás liberalmente de tus ovejas, de tu era y de tu lagar; le darás de aquello en que el Señor te hubiere bendecido. Y te acordarás de que fuiste siervo en la tierra de Egipto, y que el Señor tu Dios te rescató; por tanto, yo te mando esto hoy" (Deut. 15:13–15).

La esclavitud es un insulto a la condición humana, y deja un legado de amargura que impide al ex esclavo quedar completamente libre del pasado. La libertad implica más que solo liberar a un esclavo. Significa proporcionarle los medios para comenzar una vida independiente. También implica el reconocimiento tangible del trabajo que hizo mientras fue esclavo. Sin esto, un esclavo continúa resentido con su antiguo dueño. Con esto, pueden enfrentarse mutuamente en dignidad y respeto. El pago es la restitución no solo financiera sino también psicológica, en el sentido más profundo de la palabra,

Benno Jacob (citado en el comentario del Gran Rabino J. H. Hertz sobre la

Si nos hubiera congregado en el Monte Sinaí,
y no nos hubiese entregado la Torá,
nos bastaría

Si nos hubiera entregado la Torá,
y no nos hubiese conducido a Eretz Israel,
nos bastaría

Si nos hubiera conducido a Eretz Israel,
y no nos hubiese construido el Templo,
nos bastaría

---

de Moisés y su profecía fue la revelación de Dios en el Monte Sinaí, la única ocasión en la historia en la que Dios no se apareció a un profeta o a una persona santa, sino a un pueblo entero. Por lo tanto, si Dios hubiera aparecido en el Sinaí, incluso sin darnos la Torá, habría establecido la fe judía en la existencia de Dios y su participación en la historia sobre la base de la experiencia directa de una nación entera, no del testimonio de un profeta.

Y NO HUBIERA CONSTRUIDO LA CASA ELEGIDA

La Biblia conecta el Éxodo y el Templo. La construcción del Templo por Salomón, comenzada "en el año cuatrocientos ochenta después que los hijos de Israel salieron de Egipto" (I Reyes 6:1), es el único evento en la historia de Israel que se cuenta en referencia al Éxodo. En el cántico que cantaron los israelitas mientras cruzaban el mar Rojo, terminaron esperando la construcción del Templo:

> "Tú los introducirás y los plantarás
> en el monte de Tu heredad, En el lugar de Tu morada,
> que Tú has preparado, oh Señor, n el santuario que tus manos,
> oh Señor, han afirmado" (Éx. 15:17).

La construcción del Templo fue, por lo tanto, el acto final del drama iniciado por el Éxodo, y lo cerró. El Templo era el símbolo de la presencia de Dios entre un pueblo que se había establecido como un poder soberano en su propia tierra. El Templo era el centro espiritual de la vida nacional.

אִלּוּ קֵרְבָנוּ לִפְנֵי הַר סִינַי
וְלֹא נָתַן לָנוּ אֶת הַתּוֹרָה דַּיֵּנוּ

אִלּוּ נָתַן לָנוּ אֶת הַתּוֹרָה
וְלֹא הִכְנִיסָנוּ לְאֶרֶץ יִשְׂרָאֵל דַּיֵּנוּ

אִלּוּ הִכְנִיסָנוּ לְאֶרֶץ יִשְׂרָאֵל
וְלֹא בָנָה לָנוּ אֶת
בֵּית הַבְּחִירָה דַּיֵּנוּ

Egipto. En este día, todas las relaciones de dominación y subordinación están suspendidas. No podemos trabajar ni ordenar a otros que trabajen, "para que tu siervo y tu sierva también descansen como tú" (Deut. 5:15). En muchas ocasiones en la historia, las personas han soñado con un mundo ideal. El nombre dado a tales visiones es "utopía", que significa "lugar que no existe", porque en ningún momento o lugar estos sueños se han hecho realidad en toda la sociedad. Shabat es el único experimento utópico exitoso en la historia. Se basa en la simple idea de que la utopía (en el judaísmo, la era mesiánica) no está únicamente en el futuro. Es algo que podemos experimentar en medio del tiempo, un día de cada siete. Shabat se convirtió en el ensayo semanal de un mundo ideal, uno que aún no se ha alcanzado, pero que aún es vivido como una meta, de un mundo en paz consigo mismo, reconociendo la creación y, por lo tanto, la integridad de todas las personas y todas las formas de vida. Si Egipto significa esclavitud, Shabat es la libertad colectiva, un "anticipo del mundo por venir".

SI NOS HUBIERA ACERCADO FRENTE AL MONTE SINAÍ
SIN DARNOS LA TORÁ

Maimónides escribe (Hiljot Yesodey HaTorá 8:1) que los israelitas no creían en Moisés debido a los milagros que realizó. Los milagros siempre dejan abierta la posibilidad de escepticismo: tal vez fue magia, ilusión, oportunidad o suerte. Incluso cuando los israelitas "creyeron en el Señor y en Moisés su siervo" (Éx. 14:31) en el mar Rojo, su fe fue solo temporal. Lo que los convenció de la verdad

עַל אַחַת כַּמָּה וְכַמָּה

POR ELLO,
¡TANTO MAS
GRATITUD DOBLE Y MÚLTIPLE
LE DEBEMOS AL OMNIPRESENTE!

Él nos sacó de Egipto
y les sometió a juicio.
Él destruyó a sus dioses
y mató a sus primogénitos.
Él nos dio sus tesoros
y separó el Mar para nosotros.
Él nos condujo a través de él,
en lo seco,
y ahogó a nuestros opresores
en las aguas.
Él nos abasteció en el desierto durante
cuarenta años
y nos alimentó con el 'maná'.
Él nos concedió el Shabat
y nos llevó al Monte Sinaí.
Él nos entregó la Torá,
y nos condujo a Eretz Israel
Él nos construyó el Templo

DONDE
PODAMOS
EXPIAR
NUESTROS PECADOS.

עַל אַחַת
כַּמָּה וְכַמָּה
טוֹבָה כְּפוּלָה וּמְכֻפֶּלֶת
לַמָּקוֹם עָלֵינוּ

שֶׁהוֹצִיאָנוּ מִמִּצְרַיִם
וְעָשָׂה בָהֶם שְׁפָטִים
וְעָשָׂה בֵאלֹהֵיהֶם
וְהָרַג בְּכוֹרֵיהֶם
וְנָתַן לָנוּ אֶת מָמוֹנָם
וְקָרַע לָנוּ אֶת הַיָּם
וְהֶעֱבִירָנוּ בְתוֹכוֹ בֶּחָרָבָה
וְשִׁקַּע צָרֵינוּ בְּתוֹכוֹ
וְסִפֵּק צָרְכֵּנוּ בַּמִּדְבָּר אַרְבָּעִים שָׁנָה
וְהֶאֱכִילָנוּ אֶת הַמָּן
וְנָתַן לָנוּ אֶת הַשַּׁבָּת
וְקֵרְבָנוּ לִפְנֵי הַר סִינַי
וְנָתַן לָנוּ אֶת הַתּוֹרָה
וְהִכְנִיסָנוּ לְאֶרֶץ יִשְׂרָאֵל
וּבָנָה לָנוּ אֶת בֵּית הַבְּחִירָה

לְכַפֵּר עַל כָּל עֲוֹנוֹתֵינוּ.

רַבָּן גַּמְלִיאֵל Rabán Gamliel solía decir:
Quien no menciona en Pesaj estas tres cosas
no cumple con su deber;

PESAJ, MATZÁ, Y MAROR

PESAJ

¿Cuál es el significado
del Pesaj – la ofrenda pascual – que nuestros antepasados
solían comer cuando
el Templo existía?
Era para recordarnos
que el Santo, Bendito Sea, pasó por encima (*pasaj*)
de las casas de nuestros padres en Egipto,
como dice el versículo:
'Y dirán: este sacrificio es para el Señor *Éx. 12*
que pasó por encima las casas de los Hijos de Israel en Egipto;

---

libró nuestras casas'" (Éx. 12:25–27). Así, estuvieron desde el principio, comiendo, preguntando y explicando, y es en esta conexión en la que Rabán Gamliel basa su opinión de que deben explicarse los tres elementos de la comida de Pascua.

PESAJ, MATZÁ Y HIERBAS AMARGAS
El cordero de Pesaj simboliza la libertad. Las hierbas amargas representan la esclavitud. La matzá combina a ambos. Era el pan que los israelitas comieron en Egipto como esclavos. También fue el pan que comieron cuando salieron de Egipto como personas libres. ¿Por qué los símbolos de la libertad preceden a las hierbas amargas de la esclavitud? ¿Seguramente la esclavitud precedió a la libertad? Los maestros jasídicos respondieron: solo para un ser humano libre la esclavitud tiene un sabor amargo. Si los israelitas hubieran olvidado la libertad, se habrían acostumbrado a la esclavitud. "El peor exilio es olvidar que estás en el exilio".

PESAJ
A diferencia de los otros dos alimentos, no levantamos ni señalamos el hueso asado en el plato del Seder para que nadie interprete este gesto erróneamente como un sacrificio ritual. Incluso después de la destrucción del Templo, en Israel y en

◂ el exterior

רַבָּן גַּמְלִיאֵל הָיָה אוֹמֵר
כָּל שֶׁלֹּא אָמַר שְׁלוֹשָׁה דְבָרִים אֵלּוּ בַּפֶּסַח
לֹא יָצָא יְדֵי חוֹבָתוֹ וְאֵלּוּ הֵן

פֶּסַח מַצָּה וּמָרוֹר

פֶּסַח

שֶׁהָיוּ אֲבוֹתֵינוּ אוֹכְלִים בִּזְמַן שֶׁבֵּית הַמִּקְדָּשׁ הָיָה קַיָּם
עַל שׁוּם מָה
עַל שׁוּם שֶׁפָּסַח הַקָּדוֹשׁ בָּרוּךְ הוּא
עַל בָּתֵּי אֲבוֹתֵינוּ בְּמִצְרַיִם
שֶׁנֶּאֱמַר
וַאֲמַרְתֶּם זֶבַח־פֶּסַח הוּא לַיהוה שמות יב
אֲשֶׁר פָּסַח עַל־בָּתֵּי בְנֵי־יִשְׂרָאֵל בְּמִצְרַיִם

RABÁN GAMLIEL DICE:
QUIEN NO MENCIONA EN PESAJ ESTAS TRES COSAS

Este es un requerimiento característico de Pesaj. Normalmente, los preceptos se cumplen realizando el acto requerido con la intención de observar el mandamiento. Para cumplir con el deber de sucá, por ejemplo, no tenemos que contar la historia del vagabundeo de los israelitas en el desierto. Sin embargo, en el caso de Pesaj coinciden dos instrucciones: la primera es comer la comida festiva; la segunda, contar la historia. Rabán Gamliel sostiene que las dos están conectadas. La historia explica la comida; la comida nos permite revivir la historia.

La Torá dice: "Y cuando entréis en la tierra que el Señor os dará, como prometió, guardaréis este rito. Y si tus hijos te preguntaran: '¿Qué es este rito vuestro?', vosotros responderéis: 'Es la ofrenda de Pesaj al Señor, el cual pasó por encima de las casas de los hijos de Israel en Egipto cuando hirió a los egipcios, y

al herir a los egipcios
Salvó nuestras casas,
entonces el pueblo se inclinó y reverenció'.

Se alza la matzá:

ESTA MATZÁ

que comemos, ¿qué significa?
El pan ázimo nos recuerda que,
antes de que fermentara la masa
que prepararon nuestros antepasados para su pan,
el supremo Rey de Reyes, el Santo, Bendito Sea,
se les reveló y los redimió.
Como leemos en el versículo:
'Y cocieron la masa que habían traído de Egipto, *Éx. 12*
tortas ázimas sin leudar y no pan,
pues fueron expulsados de Egipto y no podían detenerse,
y tampoco habían preparado provisiones para el viaje.'

MATZÁ

En el campo de concentración alemán de Bergen-Belsen, en 1944, los prisioneros judíos no tenían matzá. Los rabinos en el campamento les permitieron comer pan en Pesaj, ya que sin él indudablemente morirían. Ellos compusieron la siguiente bendición:

> Padre nuestro celestial, ten en cuenta y que sea evidente para ti, que es nuestro deseo hacer Tu voluntad y celebrar la fiesta de Pesaj comiendo matzá y observando la prohibición de los alimentos leudados. Pero nos duele el corazón porque la esclavitud nos lo impide y nuestras vidas están en peligro. Esperemos que estemos preparados y listos para cumplir Tu mandamiento: "guardaréis mis estatutos y mis ordenanzas, los cuales haciendo el hombre, vivirá en ellos" (Lev. 18: 5), "y no que muera por ellos" (Yomá 85b). Te rogamos que nos mantengas vivos y nos conserves y nos redimas rápidamente para que podamos observar tus estatutos y hacer tu voluntad y servirte con un corazón perfecto. Amén. (*Documentos Críticos de la Historia Judía, Un Libro de Consulta.*)

MATZÁ... [PORQUE ELLOS] NO PODÍAN DETENERSE,

La terminología hebrea hace eco de la descripción de Lot, que "se retrasó" cuando se le dijo que escape de Sodoma. Dios hizo que los israelitas fueran "expulsados"

◂ por los

בְּנָגְפּוֹ אֶת־מִצְרַיִם וְאֶת־בָּתֵּינוּ הִצִּיל
וַיִּקֹּד הָעָם וַיִּשְׁתַּחֲווּ:

Se alza la מצא:

מַצָּה זוֹ

שֶׁאָנוּ אוֹכְלִים, עַל שׁוּם מָה
עַל שׁוּם שֶׁלֹּא הִסְפִּיק בְּצֵקָם שֶׁל אֲבוֹתֵינוּ לְהַחֲמִיץ
עַד שֶׁנִּגְלָה עֲלֵיהֶם מֶלֶךְ מַלְכֵי הַמְּלָכִים
הַקָּדוֹשׁ בָּרוּךְ הוּא, וּגְאָלָם
שֶׁנֶּאֱמַר
שמות יב וַיֹּאפוּ אֶת־הַבָּצֵק אֲשֶׁר הוֹצִיאוּ מִמִּצְרַיִם
עֻגֹת מַצּוֹת, כִּי לֹא חָמֵץ
כִּי־גֹרְשׁוּ מִמִּצְרַיִם, וְלֹא יָכְלוּ לְהִתְמַהְמֵהַּ
וְגַם־צֵדָה לֹא־עָשׂוּ לָהֶם:

---

el exterior, había quienes acostumbraban comer carne preparada de la manera en la que se solía preparar al cordero pascual. Pero, los sabios se opusieron a esto y por lo tanto tenemos que tener cuidado para evitar cualquier acto que pueda parecer que le otorgamos al hueso un status especial, simbolizando la ofrenda de Pesaj.

MATZÁ

En la Torá, la fiesta que llamamos Pesaj se describe constantemente como *Jag Hamatzot*, la fiesta de los panes sin levadura (Jag HaPesaj, en la Torá, se limita al decimocuarto día de *Nisán*, el día anterior al Seder, cuando se traía el sacrificio pascual). Rabí Levi Itzjak de Berdichev dio una hermosa explicación para esta doble terminología. El nombre Pesaj significa la grandeza de Dios, que "pasó por alto" las casas de los israelitas. El nombre Jag Hamatzot sugiere la grandeza de los israelitas, que siguieron a Dios al desierto sin provisiones. En la Torá, Dios llama a la festividad, Jag Hamatzot en alabanza a Israel. Mientras que el pueblo judío la llama Pesaj, en alabanza a Dios.

Se alzan las hierbas amargas:

MAROR – LAS HIERBAS AMARGAS

¿Cuál es el significado
de las hierbas amargas que comemos?
El maror nos recuerda que los egipcios amargaron la vida a nuestros antepasados en Egipto,
como está dicho:
'Les hicieron la vida amarga con trabajo duro *Éx. 1*
de arcilla y ladrillos:
labores pesadas en el campo;
todo trabajo al que fueron sometidos fue riguroso'.

בְּכָל דּוֹר וָדוֹר

EN CADA GENERACIÓN,

cada persona debe considerarse como *Pesajim 119b*
si ella misma hubiera salido de Egipto,
como está dicho:
'Y le referirás a tu hijo en aquel día: *Éx. 13*

---

cada generación, cada individuo debe verse (*lirot*) a sí mismo como si él hubiera salido de Egipto". Sin embargo, Maimónides escribe que cada individuo debe mostrarse (*leharot*) a sí mismo como si hubiera salido de Egipto. Esto se debe a que Maimónides sostiene que en el relato de la Hagadá hay dos preceptos separados: (1) contarnos a nosotros mismos la historia, (2) contar la historia a nuestros hijos. Verse es parte de la primera *mitzvá*, mostrarse, es parte de la segunda. Para que podamos sentir el impacto total del drama, tenemos que internalizarlo. Para que podamos mostrárselo a otros, tenemos que externalizarlo, por ejemplo, reclinándonos mientras bebemos el vino. En general, el judaísmo invierte el orden habitual entre emoción y acción. En otras culturas, el sentimiento lleva a hacer. En el judaísmo, hacer conduce al sentimiento. Se nos ordena actuar de ciertas maneras para sentir eventualmente de ciertas maneras. Por lo tanto, mostrar nuestra libertad a los demás es una de las mejores maneras de verla nosotros mismos.

Se alzan las hierbas amargas:

מָרוֹר זֶה

שֶׁאָנוּ אוֹכְלִים עַל שׁוּם מָה
עַל שׁוּם שֶׁמֵּרְרוּ הַמִּצְרִים אֶת חַיֵּי אֲבוֹתֵינוּ בְּמִצְרַיִם
שֶׁנֶּאֱמַר
וַיְמָרְרוּ אֶת־חַיֵּיהֶם בַּעֲבֹדָה קָשָׁה, בְּחֹמֶר וּבִלְבֵנִים שמות א
וּבְכָל־עֲבֹדָה בַּשָּׂדֶה
אֵת כָּל־עֲבֹדָתָם אֲשֶׁר־עָבְדוּ בָהֶם בְּפָרֶךְ:

בְּכָל דּוֹר וָדוֹר

חַיָּב אָדָם לִרְאוֹת אֶת עַצְמוֹ כְּאִלּוּ הוּא יָצָא מִמִּצְרַיִם פסחים קטז:
שֶׁנֶּאֱמַר
וְהִגַּדְתָּ לְבִנְךָ בַּיּוֹם הַהוּא שמות יג

---

por los egipcios. Si se hubieran retrasado, tal vez nunca se hubieran ido. Los esclavos, como dijeron Rousseau y Marx, se acostumbran a sus cadenas.

HIERBAS AMARGAS

El gobierno comunista envió a un judío a un campo de trabajo forzado en Siberia por mantener ilegalmente una red de educación judía durante los años en que el judaísmo fue prohibido. Cuando finalmente obtuvo su libertad, dijo a sus amigos: “Fue difícil observar Pesaj en el campo de trabajo. Un año no tuvimos matzot. Otro año no tuvimos vino. Pero las hierbas amargas, nunca nos faltaron”. Me lo contó su hijo.

EN CADA GENERACIÓN

La mayoría de los textos de la Hagadá reproducen el lenguaje de la Mishná: “En

diciendo,

Por lo que
el SEÑOR hizo por mí, cuando salí de Egipto'.
El Santo, Bendito Sea,
no sólo redimió
de la esclavitud a nuestros antepasados,
sino que también nos liberó a nosotros,

como está escrito:

'Y nos sacó de allí Deut. 6
para llevarnos al país
y darnos la tierra que prometió a nuestros padres'.

Se cubren las matzot y se alza la copa.

לְפִיכָךְ por ello, debemos
agradecer, loar, alabar, glorificar,
exaltar y bendecir, enaltecer, ensalzar y honrar,
a Quien realizó todos estos milagros
a nuestros padres y a nosotros.
nos sacó de la esclavitud a la libertad,
del sufrimiento a la alegría,
del luto a la fiesta,
de la oscuridad a la luz resplandeciente,
y de la servidumbre a la redención.
entonemos ante Él un nuevo cantico

¡HALELUYÁ!

Se pone la copa sobre la mesa.

POR ELLO, DEBEMOS AGRADECER

Este es uno de los momentos de transición de la Hagadá, cuando pasamos del relato a la canción, de la prosa a la poesía, de la recitación (*Maguid*) a la alabanza (*Halel*). Hemos contado la historia del Éxodo. Ahora, como los israelitas, hace años, cantamos una canción de alabanza. Levantamos la copa en este punto, cumpliendo las palabras del Salmo: "¡Levantaré la copa de la salvación y el nombre del SEÑOR invocaré!" (Sal. 116:13).

◂ La canción

לֵאמֹר
בַּעֲבוּר זֶה
עָשָׂה יהוה לִי בְּצֵאתִי מִמִּצְרָיִם:
לֹא אֶת אֲבוֹתֵינוּ בִּלְבָד
גָּאַל הַקָּדוֹשׁ בָּרוּךְ הוּא
אֶלָּא אַף אוֹתָנוּ גָּאַל עִמָּהֶם
שֶׁנֶּאֱמַר
וְאוֹתָנוּ הוֹצִיא מִשָּׁם דברים ו
לְמַעַן הָבִיא אֹתָנוּ
לָתֶת לָנוּ אֶת־הָאָרֶץ
אֲשֶׁר נִשְׁבַּע לַאֲבֹתֵינוּ:

Se cubren las מצות *y se alza la copa.*

לְפִיכָךְ אֲנַחְנוּ חַיָּבִים
לְהוֹדוֹת, לְהַלֵּל, לְשַׁבֵּחַ, לְפָאֵר
לְרוֹמֵם, לְהַדֵּר, לְבָרֵךְ, לְעַלֵּה וּלְקַלֵּס
לְמִי שֶׁעָשָׂה לַאֲבוֹתֵינוּ וְלָנוּ אֶת כָּל הַנִּסִּים הָאֵלֶּה
הוֹצִיאָנוּ מֵעַבְדוּת לְחֵרוּת
מִיָּגוֹן לְשִׂמְחָה, מֵאֵבֶל לְיוֹם טוֹב
וּמֵאֲפֵלָה לְאוֹר גָּדוֹל
וּמִשִּׁעְבּוּד לִגְאֻלָּה
וְנֹאמַר לְפָנָיו שִׁירָה חֲדָשָׁה
הַלְלוּיָהּ.

Se pone la copa sobre la mesa.

Sal. 113

הַלְלוּיָהּ HALELUYÁ.

¡Alaben los siervos del Señor!
¡Alaben el Nombre del Señor!
Sea el nombre del Señor bendito
desde ahora hasta la eternidad.
Desde el levante, hasta el poniente,
load el Nombre del Señor.
Excelso sobre todas las naciones es el Señor,
en los cielos reside Su gloria.

Contar la historia de un milagro, como lo hacemos en Purim, es equivalente a la segunda forma de Halel. Es un acto de memoria. En Pesaj, sin embargo, no solo narramos la historia. La revivimos. Comemos el pan de la opresión y las hierbas amargas. Degustamos el vino de la libertad. Nos reclinamos como personas libres. "En cada generación la persona debe verse a sí misma como si hubiera salido de Egipto". El Halel que decimos en la noche del Seder es, por lo tanto, del primer tipo, no del segundo. Surge de las emociones que sentimos al vivir el evento nuevamente. Es una "nueva canción". Este tipo de Halel no se cancela por contar la historia.

¡ALABEN LOS SIERVOS DEL SEÑOR!

Los sabios comentaron: "y no los sirvientes de Faraón". La transición de ser un *eved* (esclavo/siervo) propiedad de un ser humano a ser un *eved* a Dios no es un pasaje de una forma de servidumbre a otra. Es el paso de la esclavitud a la libertad. Solo bajo el imperio de Dios podemos ser libres de tal manera que nuestra libertad no dañe la libertad de los demás.

DESDE EL LEVANTE, HASTA EL PONIENTE

El profeta Malaquías (1:11) dice en nombre de Dios: "Desde el nacimiento del sol hasta su puesta, Mi nombre será grande entre las naciones". El Dios de Israel es el Dios de toda la humanidad.

EXCELSO SOBRE TODAS LAS NACIONES ES EL SEÑOR,
LEVANTA AL POBRE DEL POLVO

Rabí Yojanán dijo: "Donde sea que encuentres la grandeza de Dios, allí encontrarás su humildad" (Meguilá 31a). La grandeza de Dios reside en su preocupación por los pobres, los débiles, los marginados y los discriminados. El poder moral en oposición al poder físico se muestra en el respeto que tenemos por los indefensos.

תהלים קיג

הַלְלוּיָהּ

הַלְלוּ עַבְדֵי יהוה, הַלְלוּ אֶת־שֵׁם יהוה:
יְהִי שֵׁם יהוה מְבֹרָךְ, מֵעַתָּה וְעַד־עוֹלָם:
מִמִּזְרַח־שֶׁמֶשׁ עַד־מְבוֹאוֹ, מְהֻלָּל שֵׁם יהוה:
רָם עַל־כָּל־גּוֹיִם יהוה, עַל הַשָּׁמַיִם כְּבוֹדוֹ:

La canción juega un papel vital en el judaísmo. Al final de su vida, Moisés dio a los israelitas el último de los mandamientos: que en cada generación debemos escribir un nuevo Sefer Torá. En esa ocasión usó una palabra inusual. Llamó a la Torá una "canción", un cántico (Deut. 31:19). Las palabras son el lenguaje de la mente. La música es el lenguaje del alma. Cada vez que el discurso está lleno de emoción profunda, aspira a la condición de la canción. Así, no recitamos nuestras preces; las cantamos. No leemos la Torá; la cantamos. No estudiamos Talmud; lo entonamos. Cada tipo de texto, y cada período del año judío, tienen su propia melodía. Así, Moisés estaba diciendo: para transmitir la Torá a través de las generaciones como una fe viva, debe ser no solo un código de leyes, sino también la canción del pueblo judío.

HALEL

Halel (Salmos 113–118) es la gran canción de liberación que, según el Talmud, se entonó por todos los grandes triunfos de la historia judía. En nuestros días hemos agregado dos nuevas ocasiones para decir laudes: en Yom Haatzmaut, el Día de la Independencia de Israel, y Yom Yerushalayim, el Día de Jerusalén.

El difunto rabino Yosef Soloveitchik hizo una pregunta interesante sobre la recitación de Halel en la mesa del Seder. El Talmud afirma que no decimos Halel en Purim porque "la lectura de Meguilá es equivalente a decir Halel" (Meguilá 14a). ¿Por qué no aplicamos el mismo razonamiento a la noche del Seder? Hemos recitado la Hagadá, la contraparte de la Meguilá en Purim, entonces, seguramente, el recitado de Halel es redundante.

La respuesta que daría es que hay dos preceptos diferentes para decir Halel (esta es la opinión del *Maguid Mishne* y el *Netziv*). El primero es en el momento de un milagro. El segundo es como una forma de recuerdo en la conmemoración del milagro. Así, en el instante de Janucá, los Macabeos dijeron Halel en el momento de la victoria. Al año siguiente lo establecieron como una obligación anual. Las dos formas de Halel surgen de diferentes estados psicológicos. El primero es expresivo, el segundo evocador. El primero da voz a una emoción que sentimos. El segundo recrea esa emoción mediante la memoria, recordando un evento que ocurrió en el pasado.

¿Quién como el SEÑOR, nuestro Dios,
posado en las alturas y se inclina a observar cielos y tierra?
Levanta al pobre del polvo,
y del muladar alza al menesteroso
para sentarlo entre los príncipes
con los nobles de Su pueblo;
Convierte a la mujer estéril
en madre regocijada con sus hijos.

¡HALELUYÁ!

בְּצֵאת Cuando salió Israel de Egipto, *Sal. 114*
la Casa de Jacob del seno de un pueblo de lengua extraña,
Hizo de Judá su santuario y de Israel su dominio.
El mar vio y huyó, y el Jordán retrocedió;
los montes brincaron como ciervos
y las colinas como corderos,
¿Qué ocurre, mar, que huyes; tú, Jordán, que retrocedes;
montes que brincáis como carneros
y colinas que saltáis como corderos?
Por causa del SEÑOR tiembla la tierra,
por causa del Dios de Jacob,
el que convierte la roca en fuente de aguas,
y al pedernal en manantial.

---

frente a la justicia y compasión. En el judaísmo no existe el "derecho divino de los reyes". El mayor gobernante, si es malvado, es derribado. El ser humano más humilde, si es justo, es elevado.

CUANDO SALIÓ ISRAEL DE EGIPTO

Una de las mejores letras de la literatura. En ninguna parte encontramos una imagen más exquisita de la liberación de Egipto, o una representación más poética del nacimiento de Israel. De manera inimitablemente vívida, esboza los tres eventos más maravillosos en la historia de Israel: el Éxodo, la Revelación y el sustento de Israel en el desierto" (J. H. Hertz).

◂ En este

מִי כַּיהוה אֱלֹהֵינוּ, הַמַּגְבִּיהִי לָשָׁבֶת:
הַמַּשְׁפִּילִי לִרְאוֹת, בַּשָּׁמַיִם וּבָאָרֶץ:
מְקִימִי מֵעָפָר דָּל, מֵאַשְׁפֹּת יָרִים אֶבְיוֹן:
לְהוֹשִׁיבִי עִם־נְדִיבִים, עִם נְדִיבֵי עַמּוֹ:
מוֹשִׁיבִי עֲקֶרֶת הַבַּיִת, אֵם־הַבָּנִים שְׂמֵחָה

הַלְלוּיָהּ:

בְּצֵאת יִשְׂרָאֵל מִמִּצְרָיִם, בֵּית יַעֲקֹב מֵעַם לֹעֵז: תהלים קיד
הָיְתָה יְהוּדָה לְקָדְשׁוֹ, יִשְׂרָאֵל מַמְשְׁלוֹתָיו:
הַיָּם רָאָה וַיָּנֹס, הַיַּרְדֵּן יִסֹּב לְאָחוֹר:
הֶהָרִים רָקְדוּ כְאֵילִים, גְּבָעוֹת כִּבְנֵי־צֹאן:
מַה־לְּךָ הַיָּם כִּי תָנוּס, הַיַּרְדֵּן תִּסֹּב לְאָחוֹר:
הֶהָרִים תִּרְקְדוּ כְאֵילִים, גְּבָעוֹת כִּבְנֵי־צֹאן:
מִלִּפְנֵי אָדוֹן חוּלִי אָרֶץ, מִלִּפְנֵי אֱלוֹהַּ יַעֲקֹב:
הַהֹפְכִי הַצּוּר אֲגַם־מָיִם, חַלָּמִישׁ לְמַעְיְנוֹ־מָיִם:

LEVANTA AL POBRE DEL POLVO

Estas líneas hacen eco de la oración de Janá en el nacimiento de su hijo, Samuel:

> "Hasta la estéril ha dado a luz siete,
> pero la que abundaba en hijos se ha marchitado.
> El Señor mata y conserva la vida,
> Hace bajar al Sheol, y Él hace subir.
> El Señor empobrece y enriquece, abate, y ensalza,
> Levanta del polvo al de condición humilde;
> del pozo de cenizas alza a un pobre,
> para hacer que se siente con nobles;
> y un trono de gloria le da como posesión (1 Sam. 2: 5–8).

En el judaísmo, la religión no es "el opio del pueblo", ni la defensa del orden establecido. Es un llamado constante para que el orden establecido sea confrontado

Se alza la copa

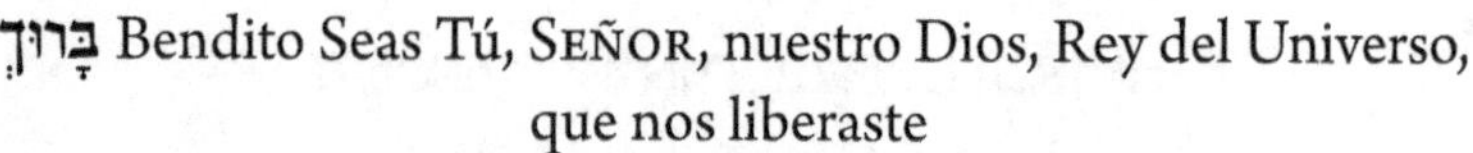

ברוך Bendito Seas Tú, Señor, nuestro Dios, Rey del Universo,
que nos liberaste
y redimiste a nuestros antepasados en Egipto,
y nos permitiste llegar a esta noche
para comer en ella matzá y hierbas amargas.
De la misma manera, Señor, nuestro Dios,
permítenos llegar a otras fiestas y alegrías,
las cuales nos lleguen en paz,
alegres por la construcción de Tu ciudad,
felices con Tu servicio.
Allí comeremos de los sacrificios
y de las ofrendas de Pesaj,
cuya sangre llegará a las paredes de Tu altar
para que sean aceptados
Y Te alabaremos con un nuevo canto
por nuestra redención y por la liberación de nuestras almas
Bendito Seas Tú, Señor, que redimiste a Israel.

Bendito Seas Tú, Señor, nuestro Dios, Rey del Universo,
que creas el fruto de la vid.

Se bebe reclinado hacia la izquierda.

BENDITO SEAS TÚ

Esta es una bendición por el pasado y una oración por el futuro, fue compuesta por dos grandes eruditos de la era mishnaica. La primera parte fue escrita por rabí Tarfón, la segunda por rabí Akiva. Rabí Akiva fue el guardián de la esperanza en uno de los momentos más oscuros de la historia judía. El Talmud (Macot 24b) cuenta una ocasión en la que él y otros sabios estaban caminando en el monte Scopus cuando vieron a un zorro caminando por el Sanctasanctórum en medio de las ruinas del Templo. Los otros lloraron, pero rabí Akiva los consoló y les dijo: "Dado que las profecías de destrucción se han hecho realidad, las profecías de consuelo también se harán realidad. Llegará el día en que, en palabras de Zacarías "Aún han de morar ancianos y ancianas en las calles de Jerusalén, ... y las calles de la ciudad estarán llenas de muchachos y muchachas que jugarán en ellas" (Zac. 8:4). Tomó casi dos mil años, pero ha sucedido en nuestra vida. Fue

◂ la esperanza

Se alza la copa

בָּרוּךְ אַתָּה יהוה אֱלֹהֵינוּ מֶלֶךְ הָעוֹלָם
אֲשֶׁר גְּאָלָנוּ, וְגָאַל אֶת אֲבוֹתֵינוּ מִמִּצְרַיִם
וְהִגִּיעָנוּ הַלַּיְלָה הַזֶּה, לֶאֱכׇל בּוֹ מַצָּה וּמָרוֹר.
כֵּן יהוה אֱלֹהֵינוּ וֵאלֹהֵי אֲבוֹתֵינוּ
יַגִּיעֵנוּ לְמוֹעֲדִים וְלִרְגָלִים אֲחֵרִים
הַבָּאִים לִקְרָאתֵנוּ לְשָׁלוֹם
שְׂמֵחִים בְּבִנְיַן עִירֶךָ
וְשָׂשִׂים בַּעֲבוֹדָתֶךָ
וְנֹאכַל שָׁם
מִן הַזְּבָחִים וּמִן הַפְּסָחִים
/מוצאי שבת *En:* מִן הַפְּסָחִים וּמִן הַזְּבָחִים/
אֲשֶׁר יַגִּיעַ דָּמָם
עַל קִיר מִזְבַּחֲךָ לְרָצוֹן
וְנוֹדֶה לְּךָ
שִׁיר חָדָשׁ
עַל גְּאֻלָּתֵנוּ וְעַל פְּדוּת נַפְשֵׁנוּ
בָּרוּךְ אַתָּה יהוה, גָּאַל יִשְׂרָאֵל.

בָּרוּךְ אַתָּה יהוה אֱלֹהֵינוּ מֶלֶךְ הָעוֹלָם, בּוֹרֵא פְּרִי הַגָּפֶן.

Se bebe reclinado hacia la izquierda.

En este magnífico punto culminante, cerramos la primera parte del Seder. Hemos contado la historia, entonamos las canciones e hicimos que el pasado de nuestra gente vuelva a vivir.

RAJTZÁ / LAVADO DE MANOS

Antes de la cena,
los comensales se lavan las manos y recitan la bendición.

בָּרוּךְ Bendito Seas Tú, SEÑOR, nuestro Dios,
Rey del Universo,
que nos consagraste con Tus preceptos
y nos ordenaste el lavado de las manos.

MOTZÍ MATZÁ

El conductor sostiene las tres matzot y declama:

בָּרוּךְ Bendito Seas Tú, SEÑOR, nuestro Dios,
Rey del Universo,
que extraes el pan de la tierra.

El conductor recura las siguientes bendiciones
sosteniendo la matzá superior y la intermedia:

בָּרוּךְ Bendito Seas Tú, SEÑOR, nuestro Dios,
Rey del Universo,
que nos consagraste con Tus preceptos
y nos ordenaste comer matzá.

Se da a cada uno de los presentes un trozo de la matzá superior con uno de la matzá dividida del medio.
Se come reclinados hacia la izquierda.

---

del Seder, colocamos la matzá inferior y decimos la bendición solo sobre la matzá superior y la del medio.

Una parte de las matzot superior y media se distribuye a todos quienes están alrededor de la mesa. Cada uno debe comer el "volumen de una aceituna", aproximadamente dos tercios de una matzá hecha a máquina. Dado que la cantidad distribuida desde las matzot superior e intermedia no será suficiente, cada uno debe completar la cantidad mínima comiendo de otra matzá de la mesa.

La costumbre ashkenazí es no poner sal en la matzá. El Maharal explica que esto se debe a nuestro amor especial por el sabor de la matzá en la noche del Seder, al que no le agregamos ningún otro sabor para no disminuir su impacto. Uno debe recostarse mientras come la matzá, ya que esta es una de las principales expresiones de libertad esta noche.

רחצה

Antes de la cena,
los comensales se lavan las manos y recitan la bendición.

בָּרוּךְ אַתָּה יהוה אֱלֹהֵינוּ מֶלֶךְ הָעוֹלָם
אֲשֶׁר קִדְּשָׁנוּ בְּמִצְוֹתָיו
וְצִוָּנוּ עַל נְטִילַת יָדָיִם.

מוציא מצה

El conductor sostiene las tres מצות *y declama:*

בָּרוּךְ אַתָּה יהוה אֱלֹהֵינוּ מֶלֶךְ הָעוֹלָם
הַמּוֹצִיא לֶחֶם מִן הָאָרֶץ.

El conductor recita las siguientes bendiciones
sosteniendo la מצה *superior y la intermedia:*

בָּרוּךְ אַתָּה יהוה אֱלֹהֵינוּ מֶלֶךְ הָעוֹלָם
אֲשֶׁר קִדְּשָׁנוּ בְּמִצְוֹתָיו
וְצִוָּנוּ עַל אֲכִילַת מַצָּה.

Se da a cada uno de los presentes un trozo de la מצה *superior con uno de la* מצה *dividida del medio.*
Se come reclinados hacia la izquierda.

---

la esperanza de Akiva, expresada aquí en la visión de "vendrán días a reunirse con nosotros en paz", lo que sostuvo al pueblo judío en el exilio.

MOTZÍ MATZÁ

Decimos dos bendiciones sobre la matzá. La primera, hamotzí, es por el pan como tal. Es una de los *birjot hanehenin,* bendiciones que decimos al comer y beber. La segunda, *asher kideshanu,* es un tipo diferente de bendición, es una de las *birjot hamitzvot,* las bendiciones que decimos cuando cumplimos preceptos.

Para la primera bendición, todas las matzot deben ser levantadas. Para la segunda, donde llamamos la atención sobre la mitad de la matzá que es exclusiva

MAROR / HIERBA AMARGAS

El maror se sumerge en el jaroset antes de comerlo

בָּרוּךְ Bendito Seas Tú, Señor, nuestro Dios,
Rey del Universo,
que nos consagraste con Tus preceptos
y nos ordenaste comer hierba amarga.

COREJ / BOCADILLO

Se rompe la matzá inferior y se coloca la hierba amarga entre dos de sus trozos.

זֵכֶר En memoria del Templo según la tradición de Hilel:
Mientras existía el Templo Hilel,
solía juntar Pesaj, Matzá y Maror
y comerlos de una sola vez,
para cumplir con lo fue dicho:
'Sobre matzot y hierbas amargas lo comerás *Num. 9*
(al cordero pascual)'.

Se come reclinado hacia la izquierda.

SHULJAN OREJ / PREPARACIÓN DE LA MESA

Todos los presentes comparten la comida festiva

---

colocan Maror que ha sido sumergido en jaroset. No se dice ninguna bendición, ya que ya hemos dicho las bendiciones sobre la matzá y el maror por separado.

Hubo una diferencia de opinión entre Hilel y sus contemporáneos en cuanto a si la matzá y el maror deberían comerse juntos o por separado. La opinión que se deben comer por separado deviene a que se trata de dos preceptos diferentes, ninguno de los cuales debe disminuir o restar valor al otro. Matzá simboliza la libertad; maror representa la esclavitud. Tienen gustos diferentes. Son experiencias opuestas, que no deben permanecer juntas.

Hilel, sin embargo, pensó lo contrario, y por respeto a su opinión, nosotros le seguimos. Hilel se guio por su comprensión del versículo bíblico de que uno debería comer la ofrenda pascual "con matzot y hierbas amargas" (Núm. 9:11), lo que sugiere que los tres se coman juntos. Quizás, también, nos estaba recordando la experiencia judía de la historia. Dentro de la amargura de la esclavitud también había esperanza y promesa de libertad. Dentro de la libertad,

◂ también

מרור

El מרור *se sumerge en el* חרוסת *antes de comerlo*

בָּרוּךְ אַתָּה יהוה אֱלֹהֵינוּ מֶלֶךְ הָעוֹלָם
אֲשֶׁר קִדְּשָׁנוּ בְּמִצְוֹתָיו
וְצִוָּנוּ עַל אֲכִילַת מָרוֹר.

כורך

Se rompe la מצה *inferior y se coloca la hierba amarga entre dos de sus trozos.*

זֵכֶר לְמִקְדָּשׁ כְּהִלֵּל.
כֵּן עָשָׂה הִלֵּל בִּזְמַן שֶׁבֵּית הַמִּקְדָּשׁ הָיָה קַיָּם
הָיָה כּוֹרֵךְ פֶּסַח, מַצָּה וּמָרוֹר, וְאוֹכֵל בְּיַחַד
לְקַיֵּם מַה שֶּׁנֶּאֱמַר: עַל־מַצּוֹת וּמְרֹרִים יֹאכְלֻהוּ: במדבר ט

Se come reclinado hacia la izquierda.

שלחן עורך

Todos los presentes comparten la comida festiva.

MAROR / HIERBAS AMARGAS

El maror se sumerge en jaroset y se dice la bendición sobre la mitzvá, *al ajilat maror*. La razón por la que no decimos la bendición, *boré pri haadamá*, es que ya lo hemos dicho para el carpás. Existen diferentes costumbres en cuanto a qué verduras se utilizan para maror. En la época de la Mishná, la lechuga (*jazeret*) era la más utilizada. En el norte y este de Europa, donde era difícil de obtener, la costumbre que se desarrolló fue usar rábano picante (jrein). Hoy en día, muchos usan ambos, eligiendo lechuga romana donde se come maror solo, y rábano picante para el "sándwich de Hilel". Se debe comer el equivalente al tamaño de una aceituna (alrededor de 0,0312544 l.). No nos reclinamos para el maror, ya que es un símbolo de esclavitud y no de libertad.

COREJ / BOCADILLO

Se toma ahora la matzá de abajo. Cada participante toma dos trozos y entre ellos

TZAFÚN / LA PORCIÓN ESCONDIDA

Como final de la cena se come la mitad
de la segunda matzá que fue escondida (el aficomán).

BAREJ / BENDICIÓN DE DESPUÉS DE LA COMIDA

Se sirve la tercera copa de vino.

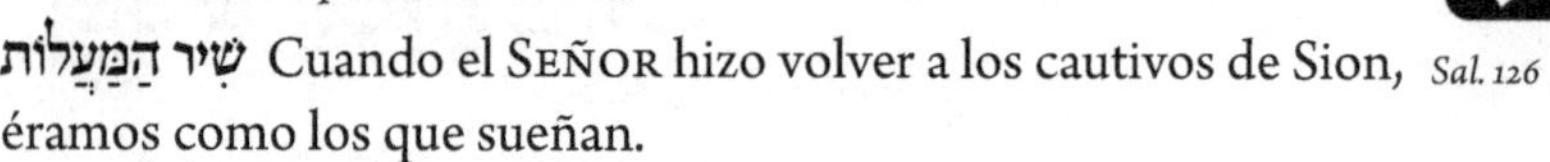

שִׁיר הַמַּעֲלוֹת Cuando el Señor hizo volver a los cautivos de Sion, *Sal. 126*
éramos como los que sueñan.
Entonces nuestra boca se llenó de risa,
y nuestra lengua de gritos de alegría;
entonces dijeron entre las naciones:
Grandes cosas ha hecho el Señor con ellos.
Grandes cosas ha hecho el Señor con nosotros;
estamos alegres.
Haz volver, Señor, a nuestros cautivos,
como las corrientes en el sur.
Los que siembran con lágrimas, segarán con gritos de júbilo.
El que con lágrimas anda, llevando la semilla de la siembra,
en verdad volverá con gritos de alegría, trayendo sus gavillas.

---

la diferencia entre la cultura judía y la griega, entre la santidad y el hedonismo. No es casualidad que, mientras que la cultura griega se desintegró rápidamente después de los días de Alejandro Magno, el judaísmo mantuvo sus energías espirituales y morales a lo largo de las muchas crisis de su historia.

BAREJ / BENDICIÓN DE DESPUÉS DE LA COMIDA

La bendición de agradecimiento después de las comidas es uno de los elementos de la liturgia judía ya especificada en la Biblia. Está prescrita en el versículo: "Cuando hayas comido y te hayas satisfecho, entonces tienes que bendecir al Señor tu Dios por la buena tierra que te ha dado" (Deut. 8:10). Comer es una función biológica. Es por eso que el judaísmo, con su énfasis en santificar lo físico, está particularmente preocupado por convertir el acto de comer en un momento de afirmación espiritual.

Se dice que Abraham y Sara atrajeron a las personas al servicio del Dios Único extendiéndoles su hospitalidad. Después de que sus invitados habían comido, agradecían a sus anfitriones. Abraham respondía: "No nos retribuyas a nosotros sino a Dios, que proporciona alimentos para todos". "¿Cómo

◂ debemos

צפון

Como final de la cena se come la mitad de la segunda מצה *que fue escondida (el* אפיקומן*).*

ברך

Se sirve la tercera copa de vino.

תהלים קכו

שִׁיר הַמַּעֲלוֹת
בְּשׁוּב יהוה אֶת־שִׁיבַת צִיּוֹן, הָיִינוּ כְּחֹלְמִים:
אָז יִמָּלֵא שְׂחוֹק פִּינוּ וּלְשׁוֹנֵנוּ רִנָּה
אָז יֹאמְרוּ בַגּוֹיִם הִגְדִּיל יהוה לַעֲשׂוֹת עִם־אֵלֶּה:
הִגְדִּיל יהוה לַעֲשׂוֹת עִמָּנוּ, הָיִינוּ שְׂמֵחִים:
שׁוּבָה יהוה אֶת־שְׁבִיתֵנוּ, כַּאֲפִיקִים בַּנֶּגֶב:
הַזֹּרְעִים בְּדִמְעָה, בְּרִנָּה יִקְצֹרוּ:
הָלוֹךְ יֵלֵךְ וּבָכֹה נֹשֵׂא מֶשֶׁךְ־הַזָּרַע
בֹּא־יָבֹא בְרִנָּה נֹשֵׂא אֲלֻמֹּתָיו:

---

también se nos ordenó cada año que nunca olvidemos el sabor de la esclavitud, para que no tomemos la libertad por sentado, ni olvidemos a los que todavía están afligidos.

TZAFÚN / ESCONDIDO

Al final de la comida, comemos la otra mitad de la matzá que partimos. Simboliza la ofrenda pascual, que en los tiempos del Templo se comía al final de la comida. Se debe comer antes de la medianoche.

La tradición le ha dado el nombre de *aficomán* a esta matzá. Se deriva de la Mishná, citada en respuesta al hijo "sabio", que no concluimos con nada después del *aficomán.* La mayoría de los estudiosos conjeturan que el origen de la palabra es del griego *epikomon,* que significa una fiesta para beber. Los griegos a menudo terminaban una comida festiva visitando amigos y participando de la bebida y la conversación. Platón describe tal evento en *El Simposio.* Los sabios dictaminaron que tales actividades sociales estaban prohibidas en Pesaj. Uno debe terminar la noche con el sabor de la comida sagrada en la boca. De ahí que la última parte de la matzá se convirtió en el *aficomán,* un signo de

Algunos dicen:

תְּהִלַּת Dad gracias al SEÑOR porque Él es bueno, porque para Sal. 136
siempre es su misericordia. ¿Quién puede relatar los poderosos Sal. 103
hechos del SEÑOR, o expresar toda su alabanza? Un presente Sal. 136
dice: Te exaltaré mi SEÑOR, y bendeciré tu nombre eternamente y para siempre. Y nosotros bendeciremos al SEÑOR desde Sal. 115
ahora y para siempre. Haleluyá.

ZIMÚN – INVITACIÓN

Si tres hombres o más dicen Birkat Hamazón juntos, uno de ellos dice lo siguiente. Cuando tres o más mujeres dicen Birkat Hamazón, se sustituye "Señores" por "Amigas".

Conductor: Señores Bendigamos.

Los presentes: Sea alabado el Nombre del SEÑOR desde ahora y para siempre. Sal. 113

Conductor: Sea alabado el Nombre del SEÑOR desde ahora y para siempre.
Con el permiso (de mi padre y maestro/ mi madre y maestra/
los cohanim presentes/ nuestro maestro el Rabino/
el dueño de casa / la dueña de casa)
mis señores y maestros,
alabemos a Aquél (*cuando hay minián:* nuestro Dios)
de cuya abundancia hemos comido.

Los presentes: Bendito Sea Él, (*cuando hay minián:* nuestro Dios)
de cuya abundancia hemos comido.

Personas presentes que no tomaron parte de la comida dicen:
Bendito sea Él, (*cuando hay minián*: nuestro Dios)
de cuya abundancia hemos
comido y por cuya bondad subsistimos.

Conductor: Bendito sea Él, (cuando hay minián: nuestro Dios)
de cuya abundancia hemos
comido y por cuya bondad subsistimos.
Bendito Sea Él, y bendito Su nombre.

---

das es solo un mandato rabínico. Su respuesta es que agradecer a Dios cuando tenemos hambre es natural. Agradecerle cuando estamos saciados es más difícil. Es precisamente cuando es más probable que olvidemos que necesitamos recordar, que lo que poseemos, lo tenemos de Dios, creador y sustentador de todo.

Algunos dicen:

תְּהִלַּת יהוה יְדַבֶּר פִּי, וִיבָרֵךְ כָּל־בָּשָׂר שֵׁם קָדְשׁוֹ לְעוֹלָם תהלים קמה
וָעֶד: וַאֲנַחְנוּ נְבָרֵךְ יָהּ מֵעַתָּה וְעַד־עוֹלָם, הַלְלוּיָהּ: הוֹדוּ תהלים קטו תהלים קלו
לַיהוה כִּי־טוֹב, כִּי לְעוֹלָם חַסְדּוֹ: מִי יְמַלֵּל גְּבוּרוֹת יהוה, תהלים קו
יַשְׁמִיעַ כָּל־תְּהִלָּתוֹ:

סדר הזימון

Si tres hombres o más dicen ברכת המזון *juntos, uno de ellos dice lo siguiente. Cuando tres o más mujeres dicen* ברכת המזון*, se sustituye "Señores" por "Amigas".*

Conductor רַבּוֹתַי, נְבָרֵךְ.

Los presentes: יְהִי שֵׁם יהוה מְבֹרָךְ מֵעַתָּה וְעַד־עוֹלָם: תהלים קיג

Conductor יְהִי שֵׁם יהוה מְבֹרָךְ מֵעַתָּה וְעַד־עוֹלָם:

בִּרְשׁוּת (אָבִי מוֹרִי / אִמִּי מוֹרָתִי / כֹּהֲנִים / מוֹרֵנוּ הָרַב /
בַּעַל הַבַּיִת הַזֶּה / בַּעֲלַת הַבַּיִת הַזֶּה)

מָרָנָן וְרַבָּנָן וְרַבּוֹתַי
נְבָרֵךְ (במנין: אֱלֹהֵינוּ) שֶׁאָכַלְנוּ מִשֶּׁלּוֹ.

Los presentes: בָּרוּךְ (במנין: אֱלֹהֵינוּ) שֶׁאָכַלְנוּ מִשֶּׁלּוֹ וּבְטוּבוֹ חָיִינוּ.

Personas presentes que no tomaron parte de la comida dicen:

*בָּרוּךְ (במנין: אֱלֹהֵינוּ) וּמְבֹרָךְ שְׁמוֹ תָּמִיד לְעוֹלָם וָעֶד.

Conductor בָּרוּךְ (במנין: אֱלֹהֵינוּ) שֶׁאָכַלְנוּ מִשֶּׁלּוֹ וּבְטוּבוֹ חָיִינוּ.
בָּרוּךְ הוּא וּבָרוּךְ שְׁמוֹ.

---

debemos agradecer a Dios?". "Diciendo: Bendito es el Señor, que da pan y comida a todos los vivientes" (Tanjuma, Lej Lejá 12). Esta es más que una hermosa tradición. Es un tema básico del judaísmo. Encontramos lo espiritual en lo físico. Dios hizo el mundo; por lo tanto, es en el mundo donde hallamos a Dios.

Los comentaristas preguntan por qué la acción de gracias después de las comidas es un mandato bíblico, mientras que la bendición antes de las comi-

BENDICIÓN POR EL ALIMENTO

בָּרוּךְ Bendito Seas Tú, Señor, nuestro Dios, Rey del Universo,
que nos alimentas a nosotros
y a todo el mundo con Tu bondad;
y con Tu gracia, benevolencia abundancia y gran piedad.
Tú proporcionas el pan a todas las criaturas,
porque Tu merced es eterna y, con Tu inmensa bondad,
jamás nos faltó ni nos faltará sustento.
Porque Él alimenta y mantiene a todos,
y Su mesa está extendida para todos;
Él proporciona alimento y sustento para todas las criaturas,
a las que ha creado con Su piedad y con Su gran benevolencia.
Bendito Seas Tú, Señor, nuestro Dios,
que alimentas a todos.

BENDICIÓN POR LA TIERRA

נוֹדֶה Te agradecemos, Señor, nuestro Dios,
por haber dado en herencia a nuestros padres
una tierra hermosa, buena y amplia.
Porque nos hiciste salir de la tierra de Egipto
y nos redimiste de la casa de esclavitud;
por el signo del Pacto que sellaste en nuestra carne;
por la Ley que nos enseñaste
y por los preceptos que nos hiciste conocer,
y por la vida y el alimento que nos concedes continuamente,
cada día, cada vez y cada hora.

---

la Divina Presencia. En la primera agradecemos a Dios por sostener a toda la humanidad. En la segunda, le agradecemos por su providencia especial sobre la tierra de Israel. En la tercera, reconocemos su presencia en la ciudad santa de Jerusalén, que según los sabios es el único lugar del cual la Presencia Divina nunca fue exiliada.

El orden de estas bendiciones representa la triple naturaleza de la identidad judía. Primero, somos ciudadanos del mundo, descendientes de Noé y herederos de su pacto con Dios. Somos parte del proyecto colectivo de la humanidad. Segundo, somos judíos fieles a nuestro pueblo, comprometidos, como lo han

◂ estado

ברכת הזן

בָּרוּךְ אַתָּה יהוה אֱלֹהֵינוּ מֶלֶךְ הָעוֹלָם
הַזָּן אֶת הָעוֹלָם כֻּלּוֹ בְּטוּבוֹ בְּחֵן בְּחֶסֶד וּבְרַחֲמִים
הוּא נוֹתֵן לֶחֶם לְכָל בָּשָׂר כִּי לְעוֹלָם חַסְדּוֹ.
וּבְטוּבוֹ הַגָּדוֹל, תָּמִיד לֹא חָסַר לָנוּ
וְאַל יֶחְסַר לָנוּ מָזוֹן לְעוֹלָם וָעֶד
בַּעֲבוּר שְׁמוֹ הַגָּדוֹל.
כִּי הוּא אֵל זָן וּמְפַרְנֵס לַכֹּל וּמֵטִיב לַכֹּל
וּמֵכִין מָזוֹן לְכָל בְּרִיּוֹתָיו אֲשֶׁר בָּרָא.
בָּרוּךְ אַתָּה יהוה, הַזָּן אֶת הַכֹּל.

ברכת הארץ

נוֹדֶה לְּךָ יהוה אֱלֹהֵינוּ
עַל שֶׁהִנְחַלְתָּ לַאֲבוֹתֵינוּ
אֶרֶץ חֶמְדָּה טוֹבָה וּרְחָבָה
וְעַל שֶׁהוֹצֵאתָנוּ יהוה אֱלֹהֵינוּ מֵאֶרֶץ מִצְרַיִם
וּפְדִיתָנוּ מִבֵּית עֲבָדִים
וְעַל בְּרִיתְךָ שֶׁחָתַמְתָּ בִּבְשָׂרֵנוּ
וְעַל תּוֹרָתְךָ שֶׁלִּמַּדְתָּנוּ
וְעַל חֻקֶּיךָ שֶׁהוֹדַעְתָּנוּ
וְעַל חַיִּים חֵן וָחֶסֶד שֶׁחוֹנַנְתָּנוּ
וְעַל אֲכִילַת מָזוֹן שָׁאַתָּה זָן וּמְפַרְנֵס אוֹתָנוּ תָּמִיד
בְּכָל יוֹם וּבְכָל עֵת וּבְכָל שָׁעָה.

BIRKAT HAMAZÓN / BENDICIÓN DE DESPUÉS DE LA COMIDA

Las tres primeras bendiciones —la forma original de agradecimiento— representan los tres círculos concéntricos de santidad. La primera bendición es por el universo, la segunda por la tierra de Israel, la tercera por Jerusalén, hogar de

Por todo ello, Señor, nuestro Dios,
Te agradecemos y bendecimos
Tu Nombre,
como está dicho:
'Comerás y te hartarás y bendecirás al Señor, tu Dios, por la buena tierra que te ha dado'. *Deut. 8*
Bendito tú, Señor, por la tierra y por el alimento.

BENDICIÓN POR JERUSALÉN

רַחֵם נָא Ten compasión, Señor, nuestro Dios,
de nosotros, de Tu pueblo Israel,
y de Jerusalén, Tu ciudad,
y del monte Sión donde mora Tu gloria,
del reino de la dinastía de David por Ti ungido,
y de la Casa esplendorosa y sagrada que lleva Tu Nombre.
Padre y Pastor nuestro,
aliméntanos, susténtanos y abastécenos
con amplitud y prosperidad,
líbranos de nuestros sufrimientos y no nos hagas,
Señor, nuestro Dios, depender de las dádivas de la gente,
ni de sus préstamos.
Haznos, pues, depender sólo de Tu mano llena,
amplia, rica y abierta;
sea Tu voluntad que no seamos avergonzados
en este mundo y no humillados en el mundo venidero.

---

la imaginación judía, el hogar de la redención futura. Cuando recitamos las tres bendiciones, por lo tanto, viajamos hacia adentro; desde lo universal a los elementos particulares de la identidad judía.

TEN COMPASIÓN... DE JERUSALÉN, TU CIUDAD

Cada vez que mencionamos a Jerusalén en nuestras oraciones, la asociamos con la palabra *rajamim,* compasión. El concepto de misericordia o compasión en el judaísmo no es abstracto. La palabra *rajamim* proviene de la palabra *rejem,* matriz. El amor más profundo e incondicional en la creación es el de una madre

◂ por su

וְעַל הַכֹּל, יהוה אֱלֹהֵינוּ
אֲנַחְנוּ מוֹדִים לָךְ וּמְבָרְכִים אוֹתָךְ
יִתְבָּרַךְ שִׁמְךָ בְּפִי כָּל חַי תָּמִיד לְעוֹלָם וָעֶד
כַּכָּתוּב: וְאָכַלְתָּ וְשָׂבָעְתָּ, וּבֵרַכְתָּ אֶת־יהוה אֱלֹהֶיךָ דברים ח
עַל־הָאָרֶץ הַטֹּבָה אֲשֶׁר נָתַן־לָךְ:
בָּרוּךְ אַתָּה יהוה, עַל הָאָרֶץ וְעַל הַמָּזוֹן.

ברכת ירושלים

רַחֶם נָא יהוה אֱלֹהֵינוּ
עַל יִשְׂרָאֵל עַמֶּךָ
וְעַל יְרוּשָׁלַיִם עִירֶךָ
וְעַל צִיּוֹן מִשְׁכַּן כְּבוֹדֶךָ
וְעַל מַלְכוּת בֵּית דָּוִד מְשִׁיחֶךָ
וְעַל הַבַּיִת הַגָּדוֹל וְהַקָּדוֹשׁ שֶׁנִּקְרָא שִׁמְךָ עָלָיו.
אֱלֹהֵינוּ, אָבִינוּ
רְעֵנוּ, זוּנֵנוּ, פַּרְנְסֵנוּ וְכַלְכְּלֵנוּ
וְהַרְוִיחֵנוּ, וְהַרְוַח לָנוּ יהוה אֱלֹהֵינוּ מְהֵרָה מִכָּל צָרוֹתֵינוּ.
וְנָא אַל תַּצְרִיכֵנוּ, יהוה אֱלֹהֵינוּ
לֹא לִידֵי מַתְּנַת בָּשָׂר וָדָם וְלֹא לִידֵי הַלְוָאָתָם
כִּי אִם לְיָדְךָ הַמְּלֵאָה, הַפְּתוּחָה, הַקְּדוֹשָׁה וְהָרְחָבָה
שֶׁלֹּא נֵבוֹשׁ וְלֹא נִכָּלֵם לְעוֹלָם וָעֶד.

---

estado nuestros antepasados desde los días de Abraham y Sara, en el largo viaje a la tierra de Israel. Ya sea que residamos allí o en la Diáspora, rezamos por ella y compartimos sus crisis y sus logros.

Tercero, hay una parte de nosotros que pertenece a Jerusalén. Dijeron los sabios que cuando el Templo fue destruido, un fragmento de sus piedras ingresó en los corazones del pueblo judío. Se mantuvo y sigue siendo el foco de

El Shabat se agrega lo siguiente:

רְצֵה Aceptanos y fortalécenos, Señor, nuestro Dios,
con Tus preceptos
y con el mandamiento del séptimo día,
este Shabat grande y sagrado,
porque grande y sagrado es este día para Ti.
En él descansaremos y reposaremos,
y disfrutaremos conforme a las leyes de Tu voluntad;
y que no haya sufrimiento ni aflicción
en el día de nuestro reposo.
Muéstranos la salvación de Sión
y la reconstrucción de Jerusalén, Tu ciudad sagrada.
Tú eres factor de consuelo y redención.

אֱלֹהֵינוּ Dios nuestro y Dios de nuestros padres:
permite que eleve, y llegue, y sea visto, y aceptado y oído,
registrado y recordado nuestro recuerdo
y el de nuestros antepasados;
el recuerdo de Jerusalén, Tu ciudad,
y el del Mesías, hijo de David,
Tu siervo y el de todo Tu pueblo, la Casa de Israel,
delante de Ti, para la salvación, el bien, la gracia,
la clemencia y la misericordia, buena vida y paz,
en este día de la fiesta de las matzot,
en este día festivo de sagrada convocación,
para que en él Te apiades de nosotros y nos salves.
Acuérdate de nosotros en el día de hoy,
Señor, nuestro Dios, para bien,
y regístranos en él con bendición,
y sálvanos en este día para una vida buena,
con socorro y misericordia.
Ten compasión de nosotros, y concédenos Tu gracia.
Compadécete y apiádate de nosotros para salvarnos,
pues hacia Ti se dirigen nuestros ojos;
porque Tú, Señor, eres Dios piadoso y misericordioso.

El שבת *se agrega lo siguiente:*

רְצֵה וְהַחֲלִיצֵנוּ, יהוה אֱלֹהֵינוּ, בְּמִצְוֹתֶיךָ
וּבְמִצְוַת יוֹם הַשְּׁבִיעִי
הַשַּׁבָּת הַגָּדוֹל וְהַקָּדוֹשׁ הַזֶּה
כִּי יוֹם זֶה גָּדוֹל וְקָדוֹשׁ הוּא לְפָנֶיךָ
לִשְׁבָּת בּוֹ, וְלָנוּחַ בּוֹ בְּאַהֲבָה כְּמִצְוַת רְצוֹנֶךָ
וּבִרְצוֹנְךָ הָנִיחַ לָנוּ, יהוה אֱלֹהֵינוּ
שֶׁלֹּא תְהֵא צָרָה וְיָגוֹן וַאֲנָחָה בְּיוֹם מְנוּחָתֵנוּ
וְהַרְאֵנוּ, יהוה אֱלֹהֵינוּ, בְּנֶחָמַת צִיּוֹן עִירֶךָ
וּבְבִנְיַן יְרוּשָׁלַיִם עִיר קָדְשֶׁךָ
כִּי אַתָּה הוּא בַּעַל הַיְשׁוּעוֹת וּבַעַל הַנֶּחָמוֹת.

אֱלֹהֵינוּ וֵאלֹהֵי אֲבוֹתֵינוּ

יַעֲלֶה וְיָבוֹא וְיַגִּיעַ, וְיֵרָאֶה וְיֵרָצֶה וְיִשָּׁמַע, וְיִפָּקֵד
וְיִזָּכֵר זִכְרוֹנֵנוּ וּפִקְדוֹנֵנוּ, וְזִכְרוֹן אֲבוֹתֵינוּ
וְזִכְרוֹן מָשִׁיחַ בֶּן דָּוִד עַבְדֶּךָ, וְזִכְרוֹן יְרוּשָׁלַיִם עִיר קָדְשֶׁךָ
וְזִכְרוֹן כָּל עַמְּךָ בֵּית יִשְׂרָאֵל
לְפָנֶיךָ, לִפְלֵיטָה לְטוֹבָה, לְחֵן וּלְחֶסֶד וּלְרַחֲמִים
לְחַיִּים וּלְשָׁלוֹם בְּיוֹם חַג הַמַּצּוֹת הַזֶּה.
זָכְרֵנוּ יהוה אֱלֹהֵינוּ בּוֹ לְטוֹבָה וּפָקְדֵנוּ בוֹ לִבְרָכָה
וְהוֹשִׁיעֵנוּ בוֹ לְחַיִּים.
וּבִדְבַר יְשׁוּעָה וְרַחֲמִים, חוּס וְחָנֵּנוּ וְרַחֵם עָלֵינוּ, וְהוֹשִׁיעֵנוּ
כִּי אֵלֶיךָ עֵינֵינוּ, כִּי אֵל חַנּוּן וְרַחוּם אָתָּה.

---

por su hijo. En toda la naturaleza, las madres están dispuestas a arriesgar sus vidas para proteger su descendencia. Esa y más es la naturaleza del amor de Dios por sus hijos: "¿Puede una madre olvidar al bebé que sostiene en su pecho? ¿Se olvidará la mujer de lo que dio a luz, para dejar de compadecerse del hijo de su

◄ vientre?

Y reconstruye Jerusalén, Tu ciudad, pronto y en nuestros días.
Bendito Seas Tú, Señor,
que reconstruyes misericordioso a Jerusalén. Amén.

BENDICIÓN A LA BONDAD DE DIOS

אֱלֹהֵינוּ Bendito Tú, Señor, Rey del Universo, Dios nuestro
Padre, nuestro Rey, nuestro Jefe,
nuestro Creador, nuestro Salvador, nuestro Santo,
el consagrado de Jacob;
nuestro pastor, pastor de Israel.
El Rey bondadoso que hace el bien a todos,
quien cada día hizo, hace y hará bien a nosotros;
que nos colmó, nos colma
y nos colmará de beneficios eternamente,
por gracia, merced y misericordia,
prosperidad, salvación y bienestar.

PETICIONES ADICIONALES

הָרַחֲמָן Que el Misericordioso reine
sobre nosotros para siempre.

Que el Misericordioso sea
loado en el cielo y en la tierra.

Que el Misericordioso
sea loado por nosotros
en todas las generaciones
y glorificado eternamente.

---

misericordia de Dios, el lugar de nacimiento del pacto, el único lugar en la tierra donde es muy tangible la presencia de Dios, creador del universo.

BENDITO ERES TÚ

Esta, la cuarta bendición de Gracias después de las comidas, se agregó durante el período de los Tanaítas en el siglo II d.e.c. El Talmud lo relaciona con el período

◂ posterior

וּבְנֵה יְרוּשָׁלַיִם עִיר הַקֹּדֶשׁ בִּמְהֵרָה בְיָמֵינוּ.
בָּרוּךְ אַתָּה יהוה, בּוֹנֵה בְרַחֲמָיו יְרוּשָׁלָיִם, אָמֵן.

ברכת הטוב והמטיב

בָּרוּךְ אַתָּה יהוה אֱלֹהֵינוּ מֶלֶךְ הָעוֹלָם
הָאֵל אָבִינוּ, מַלְכֵּנוּ, אַדִּירֵנוּ
בּוֹרְאֵנוּ, גּוֹאֲלֵנוּ, יוֹצְרֵנוּ, קְדוֹשֵׁנוּ, קְדוֹשׁ יַעֲקֹב
רוֹעֵנוּ, רוֹעֵה יִשְׂרָאֵל, הַמֶּלֶךְ הַטּוֹב וְהַמֵּטִיב לַכֹּל
שֶׁבְּכָל יוֹם וָיוֹם
הוּא הֵיטִיב, הוּא מֵטִיב, הוּא יֵיטִיב לָנוּ
הוּא גְמָלָנוּ, הוּא גוֹמְלֵנוּ, הוּא יִגְמְלֵנוּ לָעַד
לְחֵן וּלְחֶסֶד וּלְרַחֲמִים, וּלְרֶוַח, הַצָּלָה וְהַצְלָחָה
בְּרָכָה וִישׁוּעָה, נֶחָמָה, פַּרְנָסָה וְכַלְכָּלָה
וְרַחֲמִים וְחַיִּים וְשָׁלוֹם וְכָל טוֹב
וּמִכָּל טוּב לְעוֹלָם אַל יְחַסְּרֵנוּ.

בקשות נוספות

הָרַחֲמָן הוּא יִמְלֹךְ עָלֵינוּ לְעוֹלָם וָעֶד.

הָרַחֲמָן הוּא יִתְבָּרַךְ בַּשָּׁמַיִם וּבָאָרֶץ.

הָרַחֲמָן הוּא יִשְׁתַּבַּח לְדוֹר דּוֹרִים
וְיִתְפָּאַר בָּנוּ לָעַד וּלְנֵצַח נְצָחִים
וְיִתְהַדַּר בָּנוּ לָעַד וּלְעוֹלְמֵי עוֹלָמִים.

---

vientre? Aunque olvide ella, yo nunca me olvidaré de ti" (Is. 49:15). Jerusalén es el útero, la matriz, de la conexión de Dios con el pueblo judío. Fue allí donde probó por primera vez el amor de Abraham, atando a Isaac. Estaba allí cuando construyó su hogar en la forma del Templo. Por lo tanto, es la residencia de la

Que el Misericordioso
nos sustente con honra.

Que el Misericordioso
quiebre el yugo de nuestro cautiverio
y nos conduzca prontamente a nuestra tierra.

Que el Misericordioso
bendiga esta casa
y esta mesa sobre
la cual comimos.

Que el Misericordioso
nos envíe al profeta Elías,
que bien recordado sea,
para que nos traiga buenas noticias
de redención y consuelo.

Que el Misericordioso
bendiga al Estado de Israel
principio de nuestra Redención

Que el Misericordioso
bendiga a los miembros de las Fuerzas de Defensa de Israel,
que salvaguardan nuestra tierra

Un invitado dice:

יְהִי רָצוֹן Sea Tu voluntad que el dueño de casa no sea avergonzado en este mundo, ni humillado en el Mundo Venidero. Que prospere con éxito, y sean sus bienes y los nuestros cercanos, y que no domine el Acusador sobre sus acciones o las nuestras y que ningún pensamiento pecaminoso, iniquidad o trasgresión entre en él, desde ahora y para siempre.

---

a sus muertos. *Con el tiempo*, el agradecimiento después de las comidas creció con la adición de más alabanzas y oraciones.

הָרַחֲמָן הוּא יְפַרְנְסֵנוּ בְּכָבוֹד.

הָרַחֲמָן הוּא יִשְׁבֹּר עֻלֵּנוּ מֵעַל צַוָּארֵנוּ
וְהוּא יוֹלִיכֵנוּ קוֹמְמִיּוּת לְאַרְצֵנוּ.

הָרַחֲמָן הוּא יִשְׁלַח לָנוּ
בְּרָכָה מְרֻבָּה בַּבַּיִת הַזֶּה
וְעַל שֻׁלְחָן זֶה שֶׁאָכַלְנוּ עָלָיו.

הָרַחֲמָן הוּא יִשְׁלַח לָנוּ
אֶת אֵלִיָּהוּ הַנָּבִיא זָכוּר לַטּוֹב
וִיבַשֶּׂר לָנוּ בְּשׂוֹרוֹת טוֹבוֹת יְשׁוּעוֹת וְנֶחָמוֹת.

הָרַחֲמָן הוּא יְבָרֵךְ
אֶת מְדִינַת יִשְׂרָאֵל
רֵאשִׁית צְמִיחַת גְּאֻלָּתֵנוּ.

הָרַחֲמָן הוּא יְבָרֵךְ
אֶת חַיָּלֵי צְבָא הַהֲגָנָה לְיִשְׂרָאֵל
הָעוֹמְדִים עַל מִשְׁמַר אַרְצֵנוּ.

Un invitado dice:

יְהִי רָצוֹן שֶׁלֹּא יֵבוֹשׁ בַּעַל הַבַּיִת בָּעוֹלָם הַזֶּה, וְלֹא יִכָּלֵם לָעוֹלָם הַבָּא, וְיִצְלַח מְאֹד בְּכָל נְכָסָיו, וְיִהְיוּ נְכָסָיו וּנְכָסֵינוּ מֻצְלָחִים וּקְרוֹבִים לָעִיר, וְאַל יִשְׁלֹט שָׂטָן לֹא בְּמַעֲשֵׂה יָדָיו וְלֹא בְּמַעֲשֵׂה יָדֵינוּ. וְאַל יִזְדַּקֵּר לֹא לְפָנָיו וְלֹא לְפָנֵינוּ שׁוּם דְּבַר הִרְהוּר חֵטְא, עֲבֵירָה וְעָוֹן, מֵעַתָּה וְעַד עוֹלָם.

---

posterior al fracaso de la rebelión de Bar Kojba, en Beitar. Representa un momento de agradecimiento en uno de los períodos más oscuros de la historia judía, cuando el ejército romano dio permiso a la comunidad judía para sepultar

הָרַחֲמָן Que el Misericordioso

Cuando uno come en su propia casa bendice:

bendiga (a mi esposa / esposo / mi padre, mi madre,
mi maestro, mis hijos) a todo lo mío.

Una visita en la casa de otro dice:

Bendiga al dueño de esta casa, a él (su señora, la dueña de
casa y sus hijos) y a todo lo suyo

Los hijos que comen en la mesa de los padres dicen:

bendiga a mi padre y maestro, (al amo de esta casa)
y a mi madre y maestra, (a la ama de este hogar,)
sus descendientes y todas sus posesiones.

Para todos los demás invitados se agrega:

a todos los presentes aquí.

אוֹתָנוּ A nosotros y a todo lo nuestro tal
como bendijo a nuestros padres.
Abraham, Isaac, Jacob en todo, de todo y respecto de todo
y bendiga también a todos nosotros con una bendición completa
y respondamos: Amén.

בַּמָּרוֹם En lo alto abogarán en nuestro favor
para que se guarde la paz.
Recibamos la bendición del Señor
y la merced del Dios de nuestra salvación,
a fin de que hallemos gracia
y comprensión ante Dios y los hombres.

En Shabat: Que el Misericordioso nos permita alcanzar el día
que será totalmente sabático y de reposo para la vida eterna.

Que el Misericordioso nos permita llegar al día que es todo bien.

הָרַחֲמָן Que el Misericordioso nos haga merecedores
y nos acerque a los días del Mesías, y el Mundo Venidero.
'El engrandece la salvación de Su rey, y confiere gracia a su ungido, *II Sam. 22*
a David y a su descendencia para siempre'.
El que hace paz en sus alturas,
que también haga paz para nosotros
y para todo Israel. Y decid Amén.

הָרַחֲמָן הוּא יְבָרֵךְ

Cuando uno come en su propia casa bendice:

אוֹתִי (וְאֶת אִשְׁתִּי / וְאֶת בַּעֲלִי / וְאֶת אָבִי מוֹרִי / וְאֶת אִמִּי מוֹרָתִי / וְאֶת זַרְעִי) וְאֶת כָּל אֲשֶׁר לִי.

Una visita en la casa de otro dice:

אֶת בַּעַל הַבַּיִת הַזֶּה, אוֹתוֹ (וְאֶת אִשְׁתּוֹ בַּעֲלַת הַבַּיִת הַזֶּה / וְאֶת זַרְעוֹ) וְאֶת כָּל אֲשֶׁר לוֹ.

Los hijos que comen en la mesa de los padres dicen:

אֶת אָבִי מוֹרִי (בַּעַל הַבַּיִת הַזֶּה), וְאֶת אִמִּי מוֹרָתִי (בַּעֲלַת הַבַּיִת הַזֶּה), אוֹתָם וְאֶת בֵּיתָם וְאֶת זַרְעָם וְאֶת כָּל אֲשֶׁר לָהֶם

Para todos los demás invitados se agrega:

וְאֶת כָּל הַמְּסֻבִּין כָּאן

אוֹתָנוּ וְאֶת כָּל אֲשֶׁר לָנוּ כְּמוֹ שֶׁנִּתְבָּרְכוּ אֲבוֹתֵינוּ
אַבְרָהָם יִצְחָק וְיַעֲקֹב, בַּכֹּל, מִכֹּל, כֹּל
כֵּן יְבָרֵךְ אוֹתָנוּ כֻּלָּנוּ יַחַד בִּבְרָכָה שְׁלֵמָה, וְנֹאמַר אָמֵן.

בַּמָּרוֹם יְלַמְּדוּ עֲלֵיהֶם וְעָלֵינוּ זְכוּת
שֶׁתְּהֵא לְמִשְׁמֶרֶת שָׁלוֹם
וְנִשָּׂא בְרָכָה מֵאֵת יהוה וּצְדָקָה מֵאֱלֹהֵי יִשְׁעֵנוּ
וְנִמְצָא חֵן וְשֵׂכֶל טוֹב בְּעֵינֵי אֱלֹהִים וְאָדָם.

בשבת: הָרַחֲמָן הוּא יַנְחִילֵנוּ יוֹם שֶׁכֻּלּוֹ שַׁבָּת וּמְנוּחָה לְחַיֵּי הָעוֹלָמִים.

הָרַחֲמָן הוּא יַנְחִילֵנוּ יוֹם שֶׁכֻּלּוֹ טוֹב.

הָרַחֲמָן הוּא יְזַכֵּנוּ לִימוֹת הַמָּשִׁיחַ וּלְחַיֵּי הָעוֹלָם הַבָּא
מִגְדּוֹל יְשׁוּעוֹת מַלְכּוֹ וְעֹשֶׂה־חֶסֶד לִמְשִׁיחוֹ שמואל ב׳ כב
לְדָוִד וּלְזַרְעוֹ עַד־עוֹלָם:
עֹשֶׂה שָׁלוֹם בִּמְרוֹמָיו הוּא
יַעֲשֶׂה שָׁלוֹם עָלֵינוּ וְעַל כָּל יִשְׂרָאֵל וְאִמְרוּ אָמֵן.

יְראוּ Temed al Señor, Sus santos, Sal. 34
pues no les faltará nada a los que Te temen.
Los jóvenes leones padecen necesidad y tienen hambre,
mas a los que buscan al Señor no les faltará ningún bien.
Dad gracias al Señor porque Él es bueno, Sal. 118
porque para siempre es su misericordia.
Abres tu mano, y sacias el deseo de todo ser viviente. Sal. 145
Bendito es el hombre que confía en el Señor, Jer. 17
cuya confianza es el Señor.
He sido joven, y también he envejecido, Sal. 37
y nunca he visto a un justo desamparado,
ni a sus hijos mendigando pan;
'El Señor dará fortaleza a Su pueblo, Sal. 29
el Señor bendecirá a su pueblo con paz.'

Los presentes dicen juntos la bendición para el tercer vaso de vino:

Bendito Seas Tú, Señor, nuestro Dios, Rey del Universo,
que creas el fruto de la vid.

Beben reclinados hacia la izquierda.

---

la sangre de nuestro prójimo (Lev. 19:16). Somos los guardianes de nuestro hermano.

Traducido así, el versículo dice: "Yo era joven y ahora soy viejo y no me he quedado quieto observado cuando el justo fue abandonado y sus hijos obligados a mendigar pan". Este modo de lectura, no sólo tiene sentido, sino que también brota del núcleo de la sensibilidad judía. La bendición de gracias después de las comidas termina con un compromiso moral. Sí, hemos comido y estamos satisfechos. Pero eso no nos ha hecho indiferentes a las necesidades de los demás.

La conclusión de la comida, así entendida, se hace eco de la apertura del Seder con su invitación a "todos los necesitados: vengan a comer". Maimónides escribe sobre la orden de alegrarse en los festivales: "Y mientras uno come y bebe, es un deber alimentar al extraño, al huérfano, a la viuda y a otras personas pobres y desafortunadas; pero el que cierra las puertas de su patio y come y bebe con su esposa y su familia, sin dar nada de comer o beber al pobre y al amargado de alma: su comida no es un regocijo por un mandamiento divino, sino un regodeo de su propio estómago... Alborozarse de esta manera es una vergüenza para quienes así se comportan" (*Hiljot Yom Tov* 6:18).

יִרְאוּ אֶת־יהוה קְדֹשָׁיו כִּי־אֵין מַחְסוֹר לִירֵאָיו: תהלים לד
כְּפִירִים רָשׁוּ וְרָעֵבוּ וְדֹרְשֵׁי יהוה לֹא־יַחְסְרוּ כָל־טוֹב:
הוֹדוּ לַיהוה כִּי־טוֹב כִּי לְעוֹלָם חַסְדּוֹ: תהלים קיח
פּוֹתֵחַ אֶת־יָדֶךָ וּמַשְׂבִּיעַ לְכָל־חַי רָצוֹן: תהלים קמה
בָּרוּךְ הַגֶּבֶר אֲשֶׁר יִבְטַח בַּיהוה וְהָיָה יהוה מִבְטַחוֹ: ירמיה יז
נַעַר הָיִיתִי גַּם־זָקַנְתִּי וְלֹא־רָאִיתִי צַדִּיק נֶעֱזָב וְזַרְעוֹ מְבַקֶּשׁ־לָחֶם: תהלים לז
יהוה עֹז לְעַמּוֹ יִתֵּן יהוה יְבָרֵךְ אֶת־עַמּוֹ בַשָּׁלוֹם: תהלים כט

Los presentes dicen juntos la bendición para el tercer vaso de vino:

בָּרוּךְ אַתָּה יהוה אֱלֹהֵינוּ מֶלֶךְ הָעוֹלָם
בּוֹרֵא פְּרִי הַגָּפֶן.

Beben reclinados hacia la izquierda.

HE SIDO JOVEN, Y TAMBIÉN HE ENVEJECIDO, Y NUNCA HE VISTO A UN JUSTO DESAMPARADO NI A SUS HIJOS MENDIGANDO PAN

Esta línea, del Salmo 37:25, a menudo ha planteado preguntas. ¿Seguramente a lo largo de la historia no hubo momentos en que los justos fueron abandonados? De hecho, esta es una de las preguntas que, según el Talmud, Moisés le preguntó a Dios: "¿Por qué sufren los justos?" (Berajot 7a). El escritor inglés Edmond Blunden escribió un poema, "Informe Sobre la Experiencia", acerca de este tema:

He sido joven y ahora no soy demasiado viejo;
Y he visto a los justos abandonados,
Su salud, su honor y su calidad afectados.
Esto no es lo que nos dijeron anteriormente.

Una vez escuché una hermosa explicación del rabino Moses Feuerstein de Boston. La frase clave del verso es *lo raiti,* traducida de manera estándar como "no he visto". Sin embargo, el verbo *raiti* aparece dos veces en el Libro de Ester con un significado bastante diferente. "¿Cómo puedo [ver] soportar (*eijaja ujal veraiti*) el desastre que le ocurrirá a mi pueblo? ¿Y cómo puedo [ver] soportar la destrucción de mi nación?" (Est. 8:6).

El verbo aquí no significa "ver". Significa "esperar y observar, ser un testigo pasivo, un espectador desconectado". *Raiti* en este sentido significa ver y no hacer nada para ayudar. Eso, para Ester como para el salmista, es una imposibilidad moral. No podemos "permanecer de brazos cruzados frente a

Se llena un vaso de vino en honor del profeta Elías, y se abre la puerta.

שְׁפֹךְ DERRAMA Tu ira *Sal. 79*
sobre los pueblos que no Te conocen,
y sobre los reinos que no invocan Tu nombre.
Porque han consumido a Jacob
y han destruido su morada.'
'Derrama Tu indignación *Sal. 69*
y que Tu rabia los alcance.'
'Persíguelos con furia y destrúyelos *Job 3*
de la tierra bajo los cielos del Señor.'

En este punto del Seder, al pasar del pasado al futuro, reflexionamos sobre la tragedia del pueblo judío en el pasado, los miles y millones de personas que fueron asesinadas, a veces en nombre del Dios del amor. Le pedimos a Dios que nos revele, al final de los días, el significado de todo este sufrimiento. Estos versos son un grito de dolor que nos llega de una de las noches oscuras del alma judía, como si dijéramos: "Comprendamos, un día si no ahora, la justicia de tu mundo, Juez de toda la tierra".

DERRAMA TU IRA SOBRE LOS PUEBLOS
En un manuscrito de Worms de 1521, hay una adición única a la Hagadá junto con "Derrama Tu ira". Es una oración de agradecimiento a los justos gentiles a lo largo de la historia que, en lugar de perseguir a los judíos, brindaron su amistad y los protegieron en momentos de peligro:

Derrama tu amor sobre las naciones que Te han conocido,
y sobre los reinos que invocan Tu nombre.
Porque muestran bondad amorosa a la simiente de Jacob,
y defienden a Tu pueblo Israel de aquellos que los devorarían vivos.
Que vivan para ver la *sucá* de la paz extendida sobre Tus elegidos,
y para participar en la alegría de Tus naciones.

DERRAMA TU IRA SOBRE LOS PUEBLOS
Algunos agregan, en este punto, la siguiente oración en memoria de las víctimas del Holocausto y la valentía de aquellos en el gueto de Varsovia que, en vísperas de Pesaj, se alzaron contra los nazis que habían planeado destruir el gueto y matar a todos sus habitantes en el primer día de Pesaj:

En esta noche del Seder recordamos con reverencia y amor a los seis millones de personas de nuestro exilio europeo que perecieron a manos de un tirano

◂ más malvado

Se llena un vaso de vino en honor del profeta Elías, y se abre la puerta.

תהלים עט
שְׁפֹךְ חֲמָתְךָ אֶל־הַגּוֹיִם אֲשֶׁר לֹא־יְדָעוּךָ
וְעַל מַמְלָכוֹת אֲשֶׁר בְּשִׁמְךָ לֹא קָרָאוּ:
כִּי אָכַל אֶת־יַעֲקֹב, וְאֶת־נָוֵהוּ הֵשַׁמּוּ:
תהלים סט
שְׁפָךְ־עֲלֵיהֶם זַעְמֶךָ וַחֲרוֹן אַפְּךָ יַשִּׂיגֵם:
איכה ג
תִּרְדֹּף בְּאַף וְתַשְׁמִידֵם מִתַּחַת שְׁמֵי יהוה:

DERRAMA TU IRA SOBRE LOS PUEBLOS QUE NO TE CONOCEN

Este pasaje, que no forma parte de las primeras Hagadot, se agregó durante la Edad Media, durante uno de los períodos más oscuros de persecución antijudía. Comenzó con la Primera Cruzada (1096), en la cual, camino a Tierra Santa, los cruzados se detuvieron para masacrar a las comunidades judías en Worms, Speyer y Mainz. Fue el comienzo de siglos de persecución, a menudo en nombre de la religión.

El libelo de sangre fue uno de los eventos recurrentes que convirtió a Pesaj en particular en una experiencia aterradora. Se originó en Norwich y finalmente se extendió por toda Europa. Es uno de los pocos casos en que la persecución ha dejado su huella en la ley judía. Varias autoridades dictaminaron que aunque preferiblemente el vino que se bebe en Pesaj debe ser tinto, se puede usar vino blanco en comunidades donde existe el riesgo de calumnias sobre sangre.

Lo notable de este agregado a la Hagadá es su moderación. Durante siglos, los judíos sufrieron una serie de golpes devastadores: masacres, pogromos, conversiones forzadas, inquisiciones, confinamiento en guetos, impuestos punitivos y expulsiones, que culminaron en el corazón de la Europa "iluminada", en el Holocausto. Sin embargo, estos versículos, dos de los Salmos y uno del Libro de Lamentaciones, son casi el único rastro que deja esta experiencia en la Hagadá, la noche en que recordamos nuestro pasado.

Albert Einstein habló una vez del "amor casi fanático a la justicia" como una de las "características de la tradición judía que me hacen agradecer a mis estrellas por pertenecer a ella" (*El mundo tal como yo lo veo*). El judaísmo es una religión de justicia. También es una religión de amor, compasión, perdón, generosidad y paz. Pero desde el principio ha luchado con la cuestión de cómo traer la Presencia Divina a la tierra, a las estructuras e instituciones de la sociedad. La condición previa es la justicia. Una vez que eso exista, hay espacio para las muchas otras virtudes que humanizan nuestro mundo. Pero sin justicia, falta algo fundamental. "Derrama Tu ira" no es un llamado a la venganza. No es un llamado a la acción humana en absoluto. Es, más bien, una oración que implora por la justicia divina.

HALEL

Se llena el cuarto vaso de vino, y se termina el Halel.

Sal. 115

לֹא לָנוּ No por nosotros, SEÑOR, no por nosotros,
sino por Tu nombre honra,
por Tu bondad y Tu verdad.
¿Por qué han de decir las naciones:
'¿Dónde está el Dios que ellos invocan?
Nuestro Dios está en los cielos. Él hace todo lo que desea.
Los ídolos de las naciones son de plata y de oro,
obra de manos humanas.
Tienen boca, mas no hablan; ojos, mas no ven.
Tienen oídos; mas no oyen; tienen nariz, mas no huelen.
Manos tienen, mas no palpan, tienen pies, mas no caminan;
no pasará sonido por sus gargantas.
Sus hacedores se volverán como ellos,
todos los que en ellos confían.
Israel, ¡confía en el SEÑOR!; Él es tu ayuda y tu escudo.
Casa de Aharón, ¡confía en el SEÑOR!
Él es tu ayuda y tu escudo.
Los temerosos de Dios
¡confía en el SEÑOR!
Él es tu ayuda y tu escudo.

---

del Nombre y mataron a muchos de ellos antes de morir. El primer día de Pesaj, los remanentes del gueto de Varsovia se levantaron contra el adversario, como en los días de Judá el macabeo. Amados y amables en su vida, y en su muerte no fueron separados, y trajeron la redención al nombre de Israel en todo el mundo.

Y desde lo más profundo de su aflicción, los mártires alzaron sus voces en una canción de fe en la venida del Mesías, cuando la justicia y la hermandad reinarán entre la humanidad.

[Todos cantan:] *Ani maamin beemuna shelema beviat hamashiaj. Veaf al pi sheyitmahmea im col zé ajaké lo... sheyavó.* [Creo con fe absoluta en la venida del Mesías; y aunque demore, lo espero... cada día.]

הלל

תהלים קטו

Se llena el cuarto vaso de vino, y se termina el הלל.

לֹא לָנוּ יהוה לֹא לָנוּ
כִּי־לְשִׁמְךָ תֵּן כָּבוֹד
עַל־חַסְדְּךָ עַל־אֲמִתֶּךָ:
לָמָּה יֹאמְרוּ הַגּוֹיִם אַיֵּה־נָא אֱלֹהֵיהֶם:
וֵאלֹהֵינוּ בַשָּׁמָיִם, כֹּל אֲשֶׁר־חָפֵץ עָשָׂה:
עֲצַבֵּיהֶם כֶּסֶף וְזָהָב, מַעֲשֵׂה יְדֵי אָדָם:
פֶּה־לָהֶם וְלֹא יְדַבֵּרוּ, עֵינַיִם לָהֶם וְלֹא יִרְאוּ:
אָזְנַיִם לָהֶם וְלֹא יִשְׁמָעוּ, אַף לָהֶם וְלֹא יְרִיחוּן:
יְדֵיהֶם וְלֹא יְמִישׁוּן, רַגְלֵיהֶם וְלֹא יְהַלֵּכוּ, לֹא־יֶהְגּוּ בִּגְרוֹנָם:
כְּמוֹהֶם יִהְיוּ עֹשֵׂיהֶם, כֹּל אֲשֶׁר־בֹּטֵחַ בָּהֶם:
יִשְׂרָאֵל בְּטַח בַּיהוה
עֶזְרָם וּמָגִנָּם הוּא:
בֵּית אַהֲרֹן בִּטְחוּ בַיהוה
עֶזְרָם וּמָגִנָּם הוּא:
יִרְאֵי יהוה בִּטְחוּ בַיהוה
עֶזְרָם וּמָגִנָּם הוּא:

---

más malvado que el Faraón que esclavizó a nuestros antepasados en Egipto. Vamos, dijo a sus secuaces, impidámosles ser un pueblo, para que el nombre de Israel no sea más recordado.

Y asesinaron a los inocentes y puros, hombres y mujeres y pequeños, con gas venenoso, y los quemaron con fuego. Pero nos abstenemos de pensar en las obras de los malvados, para no difamar la imagen de Dios según la cual fue creado el hombre.

Entonces, los sabios de nuestro pueblo que quedaron en los guetos y campos de aniquilación se levantaron contra los malvados para la santificación

יהוה זְכָרָנוּ El Señor que nos recuerda bendecirá;
bendecirá la Casa de Israel, bendecirá la Casa de Aharón,
bendecirá a los que Le temen,
tanto a los pequeños como a los grandes.
Que el Señor os multiplique a vosotros,
a vosotros y a vuestros hijos.
Benditos sean ante el Señor, el Creador de los cielos y la tierra.
Los cielos son los cielos del Señor,
mas la tierra la ha dado a los hijos del hombre.
Los muertos no alabarán al Señor,
ni tampoco los que al sepulcro descienden.
Mas nosotros bendeciremos al Señor,
desde ahora hasta la eternidad,

HALELUYÁ.

אָהַבְתִּי Yo amo al Señor *Sal. 116*
porque él me escucha,porque oye mi voz cargada de súplicas.
El Señor se digna escucharme;
por eso lo invocaré mientras viva.
Los dolores de la muerte me envolvieron,
y me angustié al verme tan cerca del sepulcro;
mi vida era de angustia y de aflicción constante.
Pero en el nombre del Señor clamé:
"Señor, ¡te ruego que me salves la vida!"
El Señor es justo y compasivo;
nuestro Dios es todo bondad.
El Señor protege a la gente sencilla.
Yo estuve muy enfermo, y él me levantó.
¡Alma mía, ya puedes estar tranquila,
porque el Señor me ha tratado con bondad.
Tú, Señor, me libraste de la muerte,
enjugaste mis lágrimas y no me dejaste caer.
Por eso, Señor, mientras tenga vida, viviré según tu voluntad.
Yo tenía fe, aun cuando dije: "¡Es muy grande mi aflicción!"
Era tal mi desesperación, que exclamé:
"¡Todo ser humano es falaz!"

יהוה זְכָרָנוּ יְבָרֵךְ
יְבָרֵךְ אֶת־בֵּית יִשְׂרָאֵל, יְבָרֵךְ אֶת־בֵּית אַהֲרֹן:
יְבָרֵךְ יִרְאֵי יהוה, הַקְּטַנִּים עִם־הַגְּדֹלִים:
יֹסֵף יהוה עֲלֵיכֶם, עֲלֵיכֶם וְעַל־בְּנֵיכֶם:
בְּרוּכִים אַתֶּם לַיהוה, עֹשֵׂה שָׁמַיִם וָאָרֶץ:
הַשָּׁמַיִם שָׁמַיִם לַיהוה, וְהָאָרֶץ נָתַן לִבְנֵי־אָדָם:
לֹא הַמֵּתִים יְהַלְלוּ־יָהּ, וְלֹא כָּל־יֹרְדֵי דוּמָה:
וַאֲנַחְנוּ נְבָרֵךְ יָהּ, מֵעַתָּה וְעַד־עוֹלָם

הַלְלוּיָהּ:

תהלים קטז

אָהַבְתִּי
כִּי־יִשְׁמַע יהוה, אֶת־קוֹלִי תַּחֲנוּנָי:
כִּי־הִטָּה אָזְנוֹ לִי, וּבְיָמַי אֶקְרָא:
אֲפָפוּנִי חֶבְלֵי־מָוֶת
וּמְצָרֵי שְׁאוֹל מְצָאוּנִי
צָרָה וְיָגוֹן אֶמְצָא:
וּבְשֵׁם־יהוה אֶקְרָא, אָנָּה יהוה מַלְּטָה נַפְשִׁי:
חַנּוּן יהוה וְצַדִּיק, וֵאלֹהֵינוּ מְרַחֵם:
שֹׁמֵר פְּתָאִים יהוה, דַּלּוֹתִי וְלִי יְהוֹשִׁיעַ:
שׁוּבִי נַפְשִׁי לִמְנוּחָיְכִי, כִּי־יהוה גָּמַל עָלָיְכִי:
כִּי חִלַּצְתָּ נַפְשִׁי מִמָּוֶת, אֶת־עֵינִי מִן־דִּמְעָה, אֶת־רַגְלִי מִדֶּחִי:
אֶתְהַלֵּךְ לִפְנֵי יהוה, בְּאַרְצוֹת הַחַיִּים:
הֶאֱמַנְתִּי כִּי אֲדַבֵּר, אֲנִי עָנִיתִי מְאֹד:
אֲנִי אָמַרְתִּי בְחָפְזִי, כָּל־הָאָדָם כֹּזֵב:

¿Con qué he de retribuirle al Señor
tantas bendiciones que de él he recibido?
¡Sólo ofreciendo libaciones por su salvación,
e invocando el nombre del Señor!
¡Sólo cumpliendo al Señor mis promesas
en presencia de todo su pueblo!
A los ojos del Señor es muy valiosa
la muerte de quienes lo aman.
Por favor, ¡Señor, yo soy tu siervo!
Yo soy tu siervo, hijo de tu sierva,
pues me libraste de mis cadenas.
A Ti sacrificaré ofrendas de agradecimiento,
Y proclamaré, Señor, Tu nombre.
Cumpliré mis votos en presencia de todo tu pueblo,
en los atrios de tu Morada, Señor; ¡en medio de Jerusalén!

¡HALELUYÁ!

הַלְלוּ Alaben al Señor Sal. 117
Naciones todas, ¡alaben al Señor! pueblos todos,
¡Grande es su misericordia por nosotros!
¡La fidelidad del Señor permanece para siempre!

HALELUYÁ.

הוֹדוּ Agradezcan al Señor; que es bueno: Sal. 118
Porque eterna es su merced.
Que diga ahora Israel,
Porque eterna es su merced.
Que lo diga la casa de Aharón,
Porque eterna es su merced.
Que digan ahora los temerosos del Señor,
porque eterna es su merced.

מִן־הַמֵּצַר En medio de angustia invoqué al Señor;
El Señor me respondió con amplitud.
El Señor está conmigo; no temeré.
¿Qué puede hacerme el hombre?

מָה־אָשִׁיב לַיהוה, כָּל־תַּגְמוּלוֹהִי עָלָי:
כּוֹס־יְשׁוּעוֹת אֶשָּׂא, וּבְשֵׁם יהוה אֶקְרָא:
נְדָרַי לַיהוה אֲשַׁלֵּם, נֶגְדָה־נָּא לְכָל־עַמּוֹ:
יָקָר בְּעֵינֵי יהוה, הַמָּוְתָה לַחֲסִידָיו:
אָנָּה יהוה כִּי־אֲנִי עַבְדֶּךָ, אֲנִי־עַבְדְּךָ בֶּן־אֲמָתֶךָ
פִּתַּחְתָּ לְמוֹסֵרָי:
לְךָ־אֶזְבַּח זֶבַח תּוֹדָה, וּבְשֵׁם יהוה אֶקְרָא:
נְדָרַי לַיהוה אֲשַׁלֵּם, נֶגְדָה־נָּא לְכָל־עַמּוֹ:
בְּחַצְרוֹת בֵּית יהוה, בְּתוֹכֵכִי יְרוּשָׁלָיִם
הַלְלוּיָהּ:

תהלים קיז

הַלְלוּ אֶת־יהוה כָּל־גּוֹיִם, שַׁבְּחוּהוּ כָּל־הָאֻמִּים:
כִּי גָבַר עָלֵינוּ חַסְדּוֹ, וֶאֱמֶת־יהוה לְעוֹלָם
הַלְלוּיָהּ:

תהלים קיח

הוֹדוּ לַיהוה כִּי־טוֹב כִּי לְעוֹלָם חַסְדּוֹ:
יֹאמַר־נָא יִשְׂרָאֵל כִּי לְעוֹלָם חַסְדּוֹ:
יֹאמְרוּ־נָא בֵית־אַהֲרֹן כִּי לְעוֹלָם חַסְדּוֹ:
יֹאמְרוּ־נָא יִרְאֵי יהוה כִּי לְעוֹלָם חַסְדּוֹ:

מִן־הַמֵּצַר קָרָאתִי יָּהּ, עָנָנִי בַמֶּרְחָב יָהּ:
יהוה לִי לֹא אִירָא, מַה־יַּעֲשֶׂה לִי אָדָם:

El Señor está por mí entre los que me ayudan;
Por tanto, miraré triunfante sobre los que me aborrecen.
Es mejor refugiarse en el Señor que confiar en el hombre.
Es mejor refugiarse en el Señor que confiar en príncipes.
Todas las naciones me rodearon; en el nombre del Señor las destruí.
Me cercaron, y me rodearon;
en el nombre del Señor ciertamente las destruí.
Me rodearon como abejas; fueron extinguidas como fuego de
espinos; en el nombre del Señor las destruí.
Me empujaste con violencia para que cayera,
pero el Señor me socorrió.
El Señor es mi fortaleza y mi canción, y ha sido salvación para mí.
Voz de júbilo y de salvación hay en las tiendas de los justos;
la diestra del Señor hace proezas.
La diestra del Señor es exaltada; la diestra del Señor hace proezas.
No moriré, sino que viviré, y contaré las obras del Señor.
El Señor me ha reprendido severamente,
pero no me ha entregado a la muerte.
Abridme las puertas de la justicia;
entraré por ellas y daré gracias al Señor.
Esta es la puerta del Señor; los justos entrarán por ella.

אוֹדְךָ Te daré gracias porque me has respondido,
y has sido mi salvación.
Te daré gracias porque me has respondido,
y has sido mi salvación.

La piedra que desecharon los edificadores
ha venido a ser la piedra angular.
La piedra que desecharon los edificadores
ha venido a ser la piedra angular.

Obra del Señor es esto; admirable a nuestros ojos.
Obra del Señor es esto; admirable a nuestros ojos.

Este es el día que ha hecho el Señor;
regocijémonos y alegrémonos en él.
Este es el día que ha hecho el Señor;
regocijémonos y alegrémonos en él.

יהוה לִי בְּעֹזְרָי, וַאֲנִי אֶרְאֶה בְשֹׂנְאָי:
טוֹב לַחֲסוֹת בַּיהוה, מִבְּטֹחַ בָּאָדָם:
טוֹב לַחֲסוֹת בַּיהוה, מִבְּטֹחַ בִּנְדִיבִים:
כָּל־גּוֹיִם סְבָבוּנִי, בְּשֵׁם יהוה כִּי אֲמִילַם:
סַבּוּנִי גַם־סְבָבוּנִי, בְּשֵׁם יהוה כִּי אֲמִילַם:
סַבּוּנִי כִדְבֹרִים, דֹּעֲכוּ כְּאֵשׁ קוֹצִים
בְּשֵׁם יהוה כִּי אֲמִילַם:
דָּחֹה דְחִיתַנִי לִנְפֹּל, וַיהוה עֲזָרָנִי:
עָזִּי וְזִמְרָת יָהּ, וַיְהִי־לִי לִישׁוּעָה:
קוֹל רִנָּה וִישׁוּעָה בְּאָהֳלֵי צַדִּיקִים, יְמִין יהוה עֹשָׂה חָיִל:
יְמִין יהוה רוֹמֵמָה, יְמִין יהוה עֹשָׂה חָיִל:
לֹא־אָמוּת כִּי־אֶחְיֶה, וַאֲסַפֵּר מַעֲשֵׂי יָהּ:
יַסֹּר יִסְּרַנִּי יָּהּ, וְלַמָּוֶת לֹא נְתָנָנִי:
פִּתְחוּ־לִי שַׁעֲרֵי־צֶדֶק, אָבֹא־בָם אוֹדֶה יָהּ:
זֶה־הַשַּׁעַר לַיהוה, צַדִּיקִים יָבֹאוּ בוֹ:

אוֹדְךָ כִּי עֲנִיתָנִי, וַתְּהִי־לִי לִישׁוּעָה:
אוֹדְךָ כִּי עֲנִיתָנִי, וַתְּהִי־לִי לִישׁוּעָה:

אֶבֶן מָאֲסוּ הַבּוֹנִים, הָיְתָה לְרֹאשׁ פִּנָּה:
אֶבֶן מָאֲסוּ הַבּוֹנִים, הָיְתָה לְרֹאשׁ פִּנָּה:

מֵאֵת יהוה הָיְתָה זֹּאת, הִיא נִפְלָאת בְּעֵינֵינוּ:
מֵאֵת יהוה הָיְתָה זֹּאת, הִיא נִפְלָאת בְּעֵינֵינוּ:

זֶה־הַיּוֹם עָשָׂה יהוה, נָגִילָה וְנִשְׂמְחָה בוֹ:
זֶה־הַיּוֹם עָשָׂה יהוה, נָגִילָה וְנִשְׂמְחָה בוֹ:

אָנָּא TE ROGAMOS SEÑOR ¡SÁLVANOS!
TE ROGAMOS SEÑOR ¡SÁLVANOS!
TE ROGAMOS SEÑOR ¡HAZNOS PROSPERAR!
TE ROGAMOS SEÑOR ¡HAZNOS PROSPERAR!

Bendito el que viene en el Nombre del SEÑOR.
Serán benditos desde la Casa del SEÑOR.
Bendito el que viene en el Nombre del SEÑOR.
Serán benditos desde la Casa del SEÑOR.

El SEÑOR es Dios y él nos iluminó.
Amarren la ofrenda festiva con cuerdas a las puntas del altar.
El SEÑOR es Dios y él nos iluminó.
Amarren la ofrenda festiva con cuerdas a las puntas del altar.

Tú eres mi fuerza y he de engrandecerte.
Tú eres mi Dios y te alabaré.
Tú eres mi fuerza y he de engrandecerte.
Tú eres mi Dios y te alabaré.

¡Agradezcan al SEÑOR que es bueno!
Para siempre su merced
¡Agradezcan al SEÑOR que es bueno!
Para siempre su merced

יְהַלְלוּךָ Todas tus obras te alabarán,
nuestro SEÑOR con tus piadosos,
y justos que cumplen Tus deseos.
Y todo tu pueblo, la Casa de Israel
te agradecerá, bendecirá,
alabará, glorificará y exaltará, reverenciará,
santificará y coronará Tu nombre
con regocijo, Rey nuestro.
Porque a Ti corresponde agradecer,
y es agradable cantar a Tu nombre,
porque ahora y para siempre
Tú eres Dios.

אָנָּא יהוה הוֹשִׁיעָה נָּא:
אָנָּא יהוה הוֹשִׁיעָה נָּא:
אָנָּא יהוה הַצְלִיחָה נָא:
אָנָּא יהוה הַצְלִיחָה נָא:

בָּרוּךְ הַבָּא בְּשֵׁם יהוה, בֵּרַכְנוּכֶם מִבֵּית יהוה:
בָּרוּךְ הַבָּא בְּשֵׁם יהוה, בֵּרַכְנוּכֶם מִבֵּית יהוה:

אֵל יהוה וַיָּאֶר לָנוּ, אִסְרוּ־חַג בַּעֲבֹתִים עַד־קַרְנוֹת הַמִּזְבֵּחַ:
אֵל יהוה וַיָּאֶר לָנוּ, אִסְרוּ־חַג בַּעֲבֹתִים עַד־קַרְנוֹת הַמִּזְבֵּחַ:

אֵלִי אַתָּה וְאוֹדֶךָּ, אֱלֹהַי אֲרוֹמְמֶךָּ:
אֵלִי אַתָּה וְאוֹדֶךָּ, אֱלֹהַי אֲרוֹמְמֶךָּ:

הוֹדוּ לַיהוה כִּי־טוֹב, כִּי לְעוֹלָם חַסְדּוֹ:
הוֹדוּ לַיהוה כִּי־טוֹב, כִּי לְעוֹלָם חַסְדּוֹ:

יְהַלְלוּךָ

יהוה אֱלֹהֵינוּ כָּל מַעֲשֶׂיךָ
וַחֲסִידֶיךָ צַדִּיקִים עוֹשֵׂי רְצוֹנֶךָ
וְכָל עַמְּךָ בֵּית יִשְׂרָאֵל
בְּרִנָּה יוֹדוּ וִיבָרְכוּ וִישַׁבְּחוּ
וִיפָאֲרוּ וִירוֹמְמוּ וְיַעֲרִיצוּ
וְיַקְדִּישׁוּ וְיַמְלִיכוּ אֶת שִׁמְךָ מַלְכֵּנוּ
כִּי לְךָ טוֹב לְהוֹדוֹת וּלְשִׁמְךָ נָאֶה לְזַמֵּר
כִּי מֵעוֹלָם וְעַד עוֹלָם אַתָּה אֵל.

הודו Alaben al SEÑOR que es bueno porque Su merced es eterna. *Sal. 136*
Alaben al SEÑOR, de los dioses porque Su merced es eterna.
Alaben al SEÑOR de los señores porque Su merced es eterna.
Al que, solo, hace grandes maravillas
porque Su merced es eterna.
Agradezcan al que hizo el cielo con sabiduría
porque Su merced es eterna.
Al que tendió la tierra sobre las aguas porque Su merced es eterna.
Al que creó las grandes luminarias porque Su merced es eterna.
el sol para gobernar de día porque Su merced es eterna.
la luna y las estrellas para gobernar de noche
porque Su merced es eterna.
Al que castigó a Egipto con sus primogénitos
porque Su merced es eterna.
Y sacó a Israel de su medio porque Su merced es eterna.
con mano poderosa y brazo extendido
porque Su merced es eterna.
Al que dividió el Mar Rojo en dos partes
porque Su merced es eterna.
e hizo pasar a Israel a través de él porque Su merced es eterna.
y arrojó a Faraón y a todo su ejército dentro de él
porque Su merced es eterna.
Al que condujo a su pueblo por el desierto
porque Su merced es eterna.
Al que atacó a grandes reyes porque Su merced es eterna.
y dio muerte a poderosos soberanos porque Su merced es eterna.
a Sijón, rey amorreo porque Su merced es eterna.
y a Gog, rey de Bashán porque Su merced es eterna.
Y dio su tierras por herencia porque Su merced es eterna.
En herencia a Israel, su servidor porque Su merced es eterna.
Al que nos recordó en nuestra humillación
porque Su merced es eterna.
y nos rescató de nuestros opresores porque Su merced es eterna.
Al que da pan a todo ser viviente porque Su merced es eterna.
Agradezcan al Dios de los cielos porque Su merced es eterna.

תהלים קלו

הוֹדוּ לַיהוה כִּי־טוֹב   כִּי לְעוֹלָם חַסְדּוֹ:
הוֹדוּ לֵאלֹהֵי הָאֱלֹהִים   כִּי לְעוֹלָם חַסְדּוֹ:
הוֹדוּ לַאֲדֹנֵי הָאֲדֹנִים   כִּי לְעוֹלָם חַסְדּוֹ:
לְעֹשֵׂה נִפְלָאוֹת גְּדֹלוֹת לְבַדּוֹ   כִּי לְעוֹלָם חַסְדּוֹ:
לְעֹשֵׂה הַשָּׁמַיִם בִּתְבוּנָה   כִּי לְעוֹלָם חַסְדּוֹ:
לְרֹקַע הָאָרֶץ עַל־הַמָּיִם   כִּי לְעוֹלָם חַסְדּוֹ:
לְעֹשֵׂה אוֹרִים גְּדֹלִים   כִּי לְעוֹלָם חַסְדּוֹ:
אֶת־הַשֶּׁמֶשׁ לְמֶמְשֶׁלֶת בַּיּוֹם   כִּי לְעוֹלָם חַסְדּוֹ:
אֶת־הַיָּרֵחַ וְכוֹכָבִים לְמֶמְשְׁלוֹת בַּלָּיְלָה   כִּי לְעוֹלָם חַסְדּוֹ:
לְמַכֵּה מִצְרַיִם בִּבְכוֹרֵיהֶם   כִּי לְעוֹלָם חַסְדּוֹ:
וַיּוֹצֵא יִשְׂרָאֵל מִתּוֹכָם   כִּי לְעוֹלָם חַסְדּוֹ:
בְּיָד חֲזָקָה וּבִזְרוֹעַ נְטוּיָה   כִּי לְעוֹלָם חַסְדּוֹ:
לְגֹזֵר יַם־סוּף לִגְזָרִים   כִּי לְעוֹלָם חַסְדּוֹ:
וְהֶעֱבִיר יִשְׂרָאֵל בְּתוֹכוֹ   כִּי לְעוֹלָם חַסְדּוֹ:
וְנִעֵר פַּרְעֹה וְחֵילוֹ בְיַם־סוּף   כִּי לְעוֹלָם חַסְדּוֹ:
לְמוֹלִיךְ עַמּוֹ בַּמִּדְבָּר   כִּי לְעוֹלָם חַסְדּוֹ:
לְמַכֵּה מְלָכִים גְּדֹלִים   כִּי לְעוֹלָם חַסְדּוֹ:
וַיַּהֲרֹג מְלָכִים אַדִּירִים   כִּי לְעוֹלָם חַסְדּוֹ:
לְסִיחוֹן מֶלֶךְ הָאֱמֹרִי   כִּי לְעוֹלָם חַסְדּוֹ:
וּלְעוֹג מֶלֶךְ הַבָּשָׁן   כִּי לְעוֹלָם חַסְדּוֹ:
וְנָתַן אַרְצָם לְנַחֲלָה   כִּי לְעוֹלָם חַסְדּוֹ:
נַחֲלָה לְיִשְׂרָאֵל עַבְדּוֹ   כִּי לְעוֹלָם חַסְדּוֹ:
שֶׁבְּשִׁפְלֵנוּ זָכַר לָנוּ   כִּי לְעוֹלָם חַסְדּוֹ:
וַיִּפְרְקֵנוּ מִצָּרֵינוּ   כִּי לְעוֹלָם חַסְדּוֹ:
נֹתֵן לֶחֶם לְכָל־בָּשָׂר   כִּי לְעוֹלָם חַסְדּוֹ:
הוֹדוּ לְאֵל הַשָּׁמָיִם   כִּי לְעוֹלָם חַסְדּוֹ:

EL ALMA

de todo ser viviente bendecirá Tu nombre,
Señor, nuestro Dios,
y el espíritu de toda criatura
glorificará y enaltecerá tu recuerdo,
Rey nuestro, para siempre.
En este mundo y en el venidero,
para siempre eres Señor,
y fuera de Ti no tenemos rey que salva y redime,
que libera y rescata, responde y se apiada
en todo momento de aflicción y angustia;
no tenemos rey otro salvo Tú.
Señor de los primeros y de los últimos,
Señor de todas las criaturas, Señor de todas las naciones,
El alabado con todas las alabanzas;
El que guía a su mundo con bondad
y a sus criaturas con piedad.
El Señor verdadero no dormita ni duerme,
Despierta a los dormidos y despabila a los somnolientos,
Hace hablar a los mudos y libra a los presos;
Soporta a los caídos y endereza a los encorvados.
Sólo a Ti nosotros agradecemos.
Y aunque nuestra boca estuviese llena de cantos como el mar,
y nuestra lengua llena de jubilo como la multitud de sus olas,
y nuestros labios de alabanza como el espacioso firmamento,
y nuestros ojos fueran radiantes como el sol y la luna
y nuestros brazos extendidos como las alas de las águilas,
y nuestras piernas livianas como las de los ciervos,
no alcanzaríamos a alabarte a Ti Señor,
nuestro Dios y el Dios de nuestros padres.
y bendecir Tu Nombre, nuestro Rey, por una de las miles,
y millares de millares, decenas de millares de veces,
las bondades, milagros y maravillas que hiciste
con nosotros y con nuestros antepasados.

נִשְׁמַת

כָּל חַי תְּבָרֵךְ אֶת שִׁמְךָ, יהוה אֱלֹהֵינוּ
וְרוּחַ כָּל בָּשָׂר תְּפָאֵר וּתְרוֹמֵם זִכְרְךָ מַלְכֵּנוּ תָּמִיד.
מִן הָעוֹלָם וְעַד הָעוֹלָם אַתָּה אֵל
וּמִבַּלְעָדֶיךָ אֵין לָנוּ מֶלֶךְ
גּוֹאֵל וּמוֹשִׁיעַ פּוֹדֶה וּמַצִּיל וּמְפַרְנֵס וּמְרַחֵם
בְּכָל עֵת צָרָה וְצוּקָה אֵין לָנוּ מֶלֶךְ אֶלָּא אָתָּה.
אֱלֹהֵי הָרִאשׁוֹנִים וְהָאַחֲרוֹנִים, אֱלוֹהַּ כָּל בְּרִיּוֹת
אֲדוֹן כָּל תּוֹלָדוֹת, הַמְהֻלָּל בְּרֹב הַתִּשְׁבָּחוֹת
הַמְנַהֵג עוֹלָמוֹ בְּחֶסֶד וּבְרִיּוֹתָיו בְּרַחֲמִים.
וַיהוה לֹא יָנוּם וְלֹא יִישָׁן
הַמְעוֹרֵר יְשֵׁנִים וְהַמֵּקִיץ נִרְדָּמִים
וְהַמֵּשִׂיחַ אִלְּמִים וְהַמַּתִּיר אֲסוּרִים
וְהַסּוֹמֵךְ נוֹפְלִים וְהַזּוֹקֵף כְּפוּפִים.
לְךָ לְבַדְּךָ אֲנַחְנוּ מוֹדִים.
אִלּוּ פִינוּ מָלֵא שִׁירָה כַּיָּם
וּלְשׁוֹנֵנוּ רִנָּה כַּהֲמוֹן גַּלָּיו
וְשִׂפְתוֹתֵינוּ שֶׁבַח כְּמֶרְחֲבֵי רָקִיעַ
וְעֵינֵינוּ מְאִירוֹת כַּשֶּׁמֶשׁ וְכַיָּרֵחַ
וְיָדֵינוּ פְרוּשׂוֹת כְּנִשְׁרֵי שָׁמָיִם
וְרַגְלֵינוּ קַלּוֹת כָּאַיָּלוֹת
אֵין אֲנַחְנוּ מַסְפִּיקִים לְהוֹדוֹת לְךָ, יהוה אֱלֹהֵינוּ וֵאלֹהֵי אֲבוֹתֵינוּ
וּלְבָרֵךְ אֶת שְׁמֶךָ
עַל אַחַת מֵאָלֶף אֶלֶף אַלְפֵי אֲלָפִים וְרִבֵּי רְבָבוֹת פְּעָמִים הַטּוֹבוֹת
שֶׁעָשִׂיתָ עִם אֲבוֹתֵינוּ וְעִמָּנוּ.

Nos liberaste de Egipto, Señor, nuestro Dios;
de la esclavitud nos redimiste,
cuando hubo hambre nos alimentaste,
y con abundancia nos abasteciste;
De la espada nos salvaste, de las pestes nos protegiste,
y de grandes enfermedades nos guardaste.
Hasta ahora nos ha ayudado Tu misericordia
y Tu merced no nos ha abandonado.
Por todo ello, los miembros que nos diste,
el espíritu y el alma que insuflaste en nosotros,
y la lengua que en nuestra boca pusiste,
todos ellos agradecerán y bendecirán, alabarán, glorificarán.
Te Santificarán entronando Tu nombre, nuestro Rey,
porque toda boca ha de agradecerte;
y toda lengua ha de alabarte;
y toda rodilla se arrodillará ante Ti;
y toda figura ante Ti ha de inclinarse; y los corazones te temerán.
Las entrañas y los riñones cantarán tu Nombre,
como versa:

> "Todos mis huesos dirán: Señor, ¿quién es como Tú, *Sal. 35*
> que salvas al menesteroso de quien es más poderoso que él,
> y al pobre y al necesitado del expoliador?".

¿Quién es como Tú? ¿Quién es igual a Ti?
¿Quién cabe ser comparado contigo?
Tú, Señor grande, poderoso y tremendo,
Señor supremo, dueño del cielo y la tierra.
Te alabaremos, te glorificaremos, te ensalzaremos y bendeciremos
Tu santo nombre,

> 'como fue ducho por David; *Sal. 103*
> Bendice a Dios, alma mía y todas mis entrañas
> bendecirán a Su santo nombre!'

Señor mío – en Tu poder absoluto,
magnífico – en la gloria de Tu nombre;
vigoroso para siempre y formidable en tus tremendos actos
rey que estás sentado sobre un trono.

מִמִּצְרַיִם גְּאַלְתָּנוּ, יהוה אֱלֹהֵינוּ, וּמִבֵּית עֲבָדִים פְּדִיתָנוּ
בְּרָעָב זַנְתָּנוּ וּבְשָׂבָע כִּלְכַּלְתָּנוּ, מֵחֶרֶב הִצַּלְתָּנוּ וּמִדֶּבֶר מִלַּטְתָּנוּ
וּמֵחֳלָיִים רָעִים וְנֶאֱמָנִים דִּלִּיתָנוּ.
עַד הֵנָּה עֲזָרוּנוּ רַחֲמֶיךָ, וְלֹא עֲזָבוּנוּ חֲסָדֶיךָ
וְאַל תִּטְּשֵׁנוּ, יהוה אֱלֹהֵינוּ, לָנֶצַח.
עַל כֵּן אֵבָרִים שֶׁפִּלַּגְתָּ בָּנוּ
וְרוּחַ וּנְשָׁמָה שֶׁנָּפַחְתָּ בְּאַפֵּנוּ, וְלָשׁוֹן אֲשֶׁר שַׂמְתָּ בְּפִינוּ
הֵן הֵם יוֹדוּ וִיבָרְכוּ וִישַׁבְּחוּ וִיפָאֲרוּ
וִירוֹמְמוּ וְיַעֲרִיצוּ וְיַקְדִּישׁוּ וְיַמְלִיכוּ אֶת שִׁמְךָ מַלְכֵּנוּ
כִּי כָל פֶּה לְךָ יוֹדֶה, וְכָל לָשׁוֹן לְךָ תִשָּׁבַע
וְכָל בֶּרֶךְ לְךָ תִכְרַע, וְכָל קוֹמָה לְפָנֶיךָ תִשְׁתַּחֲוֶה
וְכָל לְבָבוֹת יִירָאוּךָ, וְכָל קֶרֶב וּכְלָיוֹת יְזַמְּרוּ לִשְׁמֶךָ
כַּדָּבָר שֶׁכָּתוּב

כָּל עַצְמֹתַי תֹּאמַרְנָה יהוה מִי כָמוֹךָ תהלים לה
מַצִּיל עָנִי מֵחָזָק מִמֶּנּוּ, וְעָנִי וְאֶבְיוֹן מִגֹּזְלוֹ:

מִי יִדְמֶה לָּךְ וּמִי יִשְׁוֶה לָּךְ וּמִי יַעֲרָךְ לָךְ
הָאֵל הַגָּדוֹל, הַגִּבּוֹר וְהַנּוֹרָא
אֵל עֶלְיוֹן, קוֹנֵה שָׁמַיִם וָאָרֶץ.
נְהַלֶּלְךָ וּנְשַׁבֵּחֲךָ וּנְפָאֶרְךָ וּנְבָרֵךְ אֶת שֵׁם קָדְשֶׁךָ
כָּאָמוּר

לְדָוִד, בָּרְכִי נַפְשִׁי אֶת־יהוה, וְכָל־קְרָבַי אֶת־שֵׁם קָדְשׁוֹ: תהלים קג

הָאֵל בְּתַעֲצוּמוֹת עֻזֶּךָ
הַגָּדוֹל בִּכְבוֹד שְׁמֶךָ
הַגִּבּוֹר לָנֶצַח וְהַנּוֹרָא בְּנוֹרְאוֹתֶיךָ
הַמֶּלֶךְ הַיּוֹשֵׁב עַל כִּסֵּא.

Altísimo y majestuoso,
Tú habitas la eternidad;augusto y santo es Tu nombre.
Y dice el versículo:
'Regocíjense los justos en el Señor, *Sal. 33*
a los rectos les place la alabanza.'

Por la boca	de los rectos	serás enaltecido.
Por las palabras	de los justos	serás bendito.
Por la lengua	de los piadosos	serás consagrado.
Y en las entrañas	de los sagrados	serás alabado.

וּבְמַקְהֲלוֹת En las congregaciones,
de las multitudes de Tu pueblo Israel
serás alabado en todas las generaciones.
Es el deber de todas las criaturas frente a Ti,
Señor, nuestro Dios y Dios de nuestros padres,
agradecer y alabar, honrar y glorificar,
enaltecer, ensalzar y eternizar,
por todos los cánticos y elogios de David,
hijo de Ishay, tu siervo y tu ungido.

יִשְׁתַּבַּח Y así sea alabado tu Nombre para siempre, nuestro Rey.
el del gran Rey, Santo en el cielo y en la tierra.
Pues a Ti, Señor, nuestro Dios, y Dios de nuestros padres,
te place el canto y la alabanza,
la loa y el salmo, el poder y el dominio,
la victoria, la grandeza y la valentía,
la celebración y la gloria,
la consagración y la majestuosidad,
las bendiciones y las gracias,
a Tu Nombre, grande y consagrado,
desde siempre y para siempre.
Bendito Seas Tú, Señor,
nuestro Dios, magno en alabanzas,
Dios de las gracias, Señor de las maravillas,
El que prefiere cantos de loa;
Rey y Dios, vida de todos los mundos.

רָם וְנִשָּׂא
שׁוֹכֵן עַד מָרוֹם וְקָדוֹשׁ שְׁמוֹ
וְכָתוּב
רַנְּנוּ צַדִּיקִים בַּיהוה, לַיְשָׁרִים נָאוָה תְהִלָּה: תהלים לג

בְּפִי	יְשָׁרִים	תִּתְהַלָּל
וּבְדִבְרֵי	צַדִּיקִים	תִּתְבָּרַךְ
וּבִלְשׁוֹן	חֲסִידִים	תִּתְרוֹמָם
וּבְקֶרֶב	קְדוֹשִׁים	תִּתְקַדָּשׁ

וּבְמַקְהֲלוֹת רִבְבוֹת עַמְּךָ בֵּית יִשְׂרָאֵל
בְּרִנָּה יִתְפָּאַר שִׁמְךָ מַלְכֵּנוּ בְּכָל דּוֹר וָדוֹר
שֶׁכֵּן חוֹבַת כָּל הַיְצוּרִים
לְפָנֶיךָ יהוה אֱלֹהֵינוּ וֵאלֹהֵי אֲבוֹתֵינוּ
לְהוֹדוֹת, לְהַלֵּל, לְשַׁבֵּחַ, לְפָאֵר, לְרוֹמֵם
לְהַדֵּר, לְבָרֵךְ, לְעַלֵּה וּלְקַלֵּס
עַל כָּל דִּבְרֵי שִׁירוֹת וְתִשְׁבְּחוֹת
דָּוִד בֶּן יִשַׁי, עַבְדְּךָ מְשִׁיחֶךָ.

יִשְׁתַּבַּח שִׁמְךָ לָעַד מַלְכֵּנוּ
הָאֵל הַמֶּלֶךְ הַגָּדוֹל וְהַקָּדוֹשׁ בַּשָּׁמַיִם וּבָאָרֶץ
כִּי לְךָ נָאֶה, יהוה אֱלֹהֵינוּ וֵאלֹהֵי אֲבוֹתֵינוּ
שִׁיר וּשְׁבָחָה, הַלֵּל וְזִמְרָה
עֹז וּמֶמְשָׁלָה, נֶצַח, גְּדֻלָּה וּגְבוּרָה
תְּהִלָּה וְתִפְאֶרֶת, קְדֻשָּׁה וּמַלְכוּת
בְּרָכוֹת וְהוֹדָאוֹת, מֵעַתָּה וְעַד עוֹלָם.
בָּרוּךְ אַתָּה יהוה, אֵל מֶלֶךְ גָּדוֹל בַּתִּשְׁבָּחוֹת
אֵל הַהוֹדָאוֹת אֲדוֹן הַנִּפְלָאוֹת
הַבּוֹחֵר בְּשִׁירֵי זִמְרָה, מֶלֶךְ, אֵל, חֵי הָעוֹלָמִים.

Bendito Seas Tú, SEÑOR, nuestro Dios, Rey del Universo,
que creas el fruto de la vid.

Se bebe el cuarto vaso de vino, reclinado hacia la izquierda.

בָּרוּךְ Bendito Seas Tú, SEÑOR, nuestro Dios,
Rey del Universo,
por la vid y el fruto de la vid,
y por los frutos del campo,
y por la tierra codiciada,
buena y amplia que dignaste legar a nuestros padres,
para comer sus frutos y saciarnos de sus beneficios.
Apiádate, SEÑOR, nuestro Dios,
y Dios de Israel, de tu pueblo,
de Jerusalén, tu ciudad,
del monte Sion, morada de tu gloria,
de tu altar y de tu templo.
Reconstruye Jerusalén, la Ciudad Sagrada,
pronto y en nuestros días,
y llévanos a ella,
y alégranos con su edificación,
y te bendeciremos en ella,
con consagración y pureza
(*En Shabat:* Acéptanos y fortalécenos en este Shabat)
y alégranos en esta fiesta de las matzot,
en este día festivo, de sagrada convocación.
Porque tú eres bueno y beneficias a todos.
Y te agradecemos SEÑOR, nuestro Dios,
por la tierra y por el fruto de la vid.
Bendito Seas Tú, SEÑOR,
por la tierra y el fruto de la vid.

בָּרוּךְ אַתָּה יהוה אֱלֹהֵינוּ מֶלֶךְ הָעוֹלָם
בּוֹרֵא פְּרִי הַגָּפֶן.

Se bebe el cuarto vaso de vino, reclinado hacia la izquierda.

בָּרוּךְ אַתָּה יהוה אֱלֹהֵינוּ מֶלֶךְ הָעוֹלָם
עַל הַגֶּפֶן וְעַל פְּרִי הַגֶּפֶן
וְעַל תְּנוּבַת הַשָּׂדֶה
וְעַל אֶרֶץ חֶמְדָּה טוֹבָה וּרְחָבָה
שֶׁרָצִיתָ וְהִנְחַלְתָּ לַאֲבוֹתֵינוּ
לֶאֱכֹל מִפִּרְיָהּ וְלִשְׂבֹּעַ מִטּוּבָהּ.
רַחֶם נָא יהוה אֱלֹהֵינוּ עַל יִשְׂרָאֵל עַמֶּךָ
וְעַל יְרוּשָׁלַיִם עִירֶךָ
וְעַל צִיּוֹן מִשְׁכַּן כְּבוֹדֶךָ
וְעַל מִזְבְּחֶךָ וְעַל הֵיכָלֶךָ.
וּבְנֵה יְרוּשָׁלַיִם עִיר הַקֹּדֶשׁ בִּמְהֵרָה בְיָמֵינוּ
וְהַעֲלֵנוּ לְתוֹכָהּ וְשַׂמְּחֵנוּ בְּבִנְיָנָהּ
וְנֹאכַל מִפִּרְיָהּ וְנִשְׂבַּע מִטּוּבָהּ
וּנְבָרֶכְךָ עָלֶיהָ בִּקְדֻשָּׁה וּבְטָהֳרָה.
(בשבת: וּרְצֵה וְהַחֲלִיצֵנוּ בְּיוֹם הַשַּׁבָּת הַזֶּה)
וְשַׂמְּחֵנוּ בְּיוֹם חַג הַמַּצּוֹת הַזֶּה
כִּי אַתָּה יהוה טוֹב וּמֵטִיב לַכֹּל
וְנוֹדֶה לְּךָ
עַל הָאָרֶץ וְעַל פְּרִי הַגָּפֶן / *En Eretz Israel:* גַּפְנָהּ/.
בָּרוּךְ אַתָּה יהוה
עַל הָאָרֶץ וְעַל פְּרִי הַגָּפֶן / *En Eretz Israel:* גַּפְנָהּ/.

En la diáspora se recita este poema solamente la primera noche de la Fiesta.

וּבְכֵן וַיְהִי בַּחֲצִי הַלַּיְלָה SUCEDIÓ A MEDIANOCHE, *Éx. 12*

Entonces asombraste con muchos milagros. por la noche.
En la primera vigilia fortaleciste a Abraham a medianoche
Concediste la victoria al neófito justo cuando se dividió la noche
Sucedió a medianoche.

Jugaste al rey de Guerar durante el sueño de la noche
Infundiste temor al arameo en la oscuridad de la noche
Y luchó Israel con el ángel, y lo venció de noche
Sucedió a medianoche.

A los primogénitos de Patros aniquilastea medianoche
No encontraron sus fuerzas al levantarse a medianoche
El ejército de Jaroshet aplastaste con las estrellas de la noche
Sucedió a medianoche.

Avergonzaste el impío
que propuso acometer a mi escogido en la noche
Cayó el ídolo Bel en la oscuridad de la noche
Al hombre agraciado apareció el misterio de la visión de la noche
Sucedió a medianoche.

---

lastimara a su yerno Jacob (*ibíd.* 31:29). Jacob luchó con un ángel (*ibíd.* 32:25). Sisara, el general cananeo, fue derrotado por Debora y Barak (Jueces 5). Senaquerib, rey de Asiria, se retiró de su asalto amenazado contra Ezequías cuando una gran parte de su ejército murió misteriosamente en la noche (II Reyes, 19). Daniel recibió una revelación del significado del sueño de Nabucodonosor, y fue rescatado del foso de los leones (Dan. 2:19, 6:20). Murió Belsasar, que retiró los vasos del Templo (*ibíd.* 5:30). Ajashverosh, incapaz de dormir, hizo que su criado le leyera las crónicas reales y recordó que Mordejay le había salvado la vida (Ester 6:1), el comienzo de los eventos que llevaron a la caída de Hamán y la liberación que recordamos en Purim. Estas son las muchas resonancias de *Leil Shimurim*, la "noche de la protección de Dios".

En la diáspora se recita este poema solamente la primera noche de la Fiesta.

שמות יב
וּבְכֵן וַיְהִי בַּחֲצִי הַלַּיְלָה

אָז רֹב נִסִּים הִפְלֵאתָ בַּלַּיְלָה
בְּרֹאשׁ אַשְׁמוּרוֹת זֶה הַלַּיְלָה
גֵּר צֶדֶק נִצַּחְתּוֹ, כְּנֶחֱלַק לוֹ לַיְלָה
וַיְהִי בַּחֲצִי הַלַּיְלָה

דַּנְתָּ מֶלֶךְ גְּרָר בַּחֲלוֹם הַלַּיְלָה
הִפְחַדְתָּ אֲרַמִּי בְּאֶמֶשׁ לַיְלָה
וַיִּשְׂרָאֵל יָשַׁר לָאֵל, וַיּוּכַל לוֹ לַיְלָה
וַיְהִי בַּחֲצִי הַלַּיְלָה

זֶרַע בְּכוֹרֵי פַתְרוֹס מָחַצְתָּ בַּחֲצִי הַלַּיְלָה
חֵילָם לֹא מָצְאוּ בְּקוּמָם בַּלַּיְלָה
טִיסַת נְגִיד חֲרֹשֶׁת סִלִּיתָ בְכוֹכְבֵי לַיְלָה
וַיְהִי בַּחֲצִי הַלַּיְלָה

יָעַץ מְחָרֵף לְנוֹפֵף אִוּוּי, הוֹבַשְׁתָּ פְגָרָיו בַּלַּיְלָה
כָּרַע בֵּל וּמַצָּבוֹ בְּאִישׁוֹן לַיְלָה
לְאִישׁ חֲמוּדוֹת נִגְלָה רָז חֲזוֹת לַיְלָה
וַיְהִי בַּחֲצִי הַלַּיְלָה

SUCEDIÓ A MEDIANOCHE

Yanái, que vivió entre los siglos V y VI, escribió este himno, fue uno de los primeros y más influyentes poetas litúrgicos del judaísmo. Gran parte de su trabajo ha sido redescubierto en el siglo XX a través de hallazgos, como la guenizá de El Cairo.

Dado que el servicio de Seder es uno de los pocos rituales que tienen lugar en la noche, Yanái enumera otras salvaciones que tuvieron lugar en la noche: Abraham ganó su batalla contra los cuatro reyes (Gén. 14:15). Dios le dijo a Avimelej, rey de Guerar, que al tomar a Sara estaba robando a la esposa de Abraham (*ibíd.* 20:2–3). Labán fue visitado por Dios en un sueño y se le dijo que no

Muerto el que se emborrachó de los vasos sagrados,
en la misma noche
Salvado Daniel de los leones aclaró el grandioso sueño en la noche
Odio guardó el Agagueo y decretos dictó de noche
Sucedió a medianoche.

Animaste tu fuerza contra él, quitándole el sueño de noche
Haz pisotear la cuba para el vigía nocturno
Como el guardián diga: Vino la mañana y la noche
Sucedió a medianoche.

Viene el día, y aún no es día ni noche
Altísimo, haz conocer que tuyo es el día y también la noche
Pon guardianes para tu ciudad todo el día y toda la noche
Ilumina con el resplandor del día las tinieblas de la noche
Sucedió a medianoche

En la diáspora se recita este poema solamente la segunda noche de la Fiesta.

וּבְכֵן וַאֲמַרְתֶּם זֶבַח פֶּסַח Y DIRÁN: ESTA ES LA OFRENDA DE PESAJ, *Éx. 12*

La fuerza de tu poder desplegaste maravillosamente en Pesaj;
A la cabeza de todas las fiestas alzaste a Pesaj;
Te revelaste a media noche a Abraham en Pesaj;
Y dirán: Esta es la ofrenda de Pesaj.

---

a los israelitas y devastó a los egipcios durante la última plaga, la muerte de los primogénitos (Éx. 12:29–32). Jericó fue asediado y destruido por Josué después de que los israelitas celebraran Pesaj (Jos. 5–6). Gedeón derrotó a los madianitas (Jueces 6–7), y Senaquerib, los asirios y los babilonios sufrieron reveses en esta época del año. Ester ayunó y Hamán fue ahorcado en Pesaj.

Pesaj es, pues, el tiempo de muchas liberaciones y no solo de una. Es característico del tiempo rabínico combinar varios eventos en un solo día. Así, Tishá Beav se convirtió en el momento en que recordamos muchas tragedias de la historia judía. Pesaj es un momento para recordar muchas liberaciones. De esta

◂ manera

מִשְׁתַּכֵּר בִּכְלֵי קֹדֶשׁ נֶהֱרַג בּוֹ בַּלַּיְלָה
נוֹשַׁע מִבּוֹר אֲרָיוֹת, פּוֹתֵר בִּעֲתוּתֵי לַיְלָה
שִׂנְאָה נָטַר אֲגָגִי, וְכָתַב סְפָרִים בַּלַּיְלָה
וַיְהִי בַּחֲצִי הַלַּיְלָה

עוֹרַרְתָּ נִצְחֲךָ עָלָיו בְּנֶדֶד שְׁנַת לַיְלָה
פּוּרָה תִדְרוֹךְ לְשׁוֹמֵר מַה מִּלַּיְלָה
צָרַח כַּשּׁוֹמֵר, וְשָׂח אָתָא בֹקֶר וְגַם לַיְלָה
וַיְהִי בַּחֲצִי הַלַּיְלָה

קָרֵב יוֹם אֲשֶׁר הוּא לֹא יוֹם וְלֹא לַיְלָה
רָם הוֹדַע כִּי לְךָ הַיּוֹם אַף לְךָ הַלַּיְלָה
שׁוֹמְרִים הַפְקֵד לְעִירְךָ כָּל הַיּוֹם וְכָל הַלַּיְלָה
תָּאִיר כְּאוֹר יוֹם חֶשְׁכַת לַיְלָה
וַיְהִי בַּחֲצִי הַלַּיְלָה

En la diáspora se recita este poema solamente la segunda noche de la Fiesta.

שמות יב
וּבְכֵן וַאֲמַרְתֶּם זֶבַח פֶּסַח
אֹמֶץ גְּבוּרוֹתֶיךָ הִפְלֵאתָ בַּפֶּסַח
בְּרֹאשׁ כָּל מוֹעֲדוֹת נִשֵּׂאתָ פֶּסַח
גִּלִּיתָ לְאֶזְרָחִי חֲצוֹת לֵיל פֶּסַח
וַאֲמַרְתֶּם זֶבַח פֶּסַח

Y DIRÁN [A SUS HIJOS]: ESTA ES LA OFRENDA DE PESAJ

Este poema, leído la segunda noche, fue escrito por el poeta Eleazar Kalir, discípulo de Yanái. El estribillo está tomado de Éx. 12:27: cuando tu hijo te pida que le explique los rituales de Pesaj, "dirás: Esta es la ofrenda de Pesaj".

Kalir reúne los muchos eventos que, según la tradición, tuvieron lugar en Pesaj. En el Pacto de las Mitades, Abraham previó que sus descendientes sufrirían el exilio y la aflicción (Gén. 15:12–21). Fue visitado por los ángeles que le dijeron que Sara tendría un hijo (*ibíd.* 18). Lot también fue visitado por los ángeles que lo rescataron de la destrucción de Sodoma (*ibíd.* 19). Dios protegió

Golpeaste en sus puertas en las horas ardientes del día de Pesaj;
Conforta a los ángeles con matzot en Pesaj;
Y corre al ganado en recuerdo del toro para festejar Pesaj;
Y dirán: Esta es la ofrenda de Pesaj.

Los sodomitas sufrieron abrazados por el fuego de Pesaj;
Lot fue liberado y horneó matzot para terminar Pesaj;
Barriste la tierra de Mof y de Nof al atravesarlas en Pesaj;
Y dirán: Esta es la ofrenda de Pesaj.

Todo primogénito egipcio heriste en la noche de vigilia de Pesaj;
Pasaste, SEÑOR, al primogénito hebreo con la sangre de Pesaj;
No permitiendo al exterminador entrar en mis puertas en Pesaj;
Y dirán: Esta es la ofrenda de Pesaj.

Cercada fue la ciudad en época de Pesaj;
Exterminada fue Midián por tortas, ofrenda de Pesaj;
Quemados fueron los vigorosos de Pul y Luden Pesaj;
Y dirán: Esta es la ofrenda de Pesaj.

Aún era día en Nob, cuando se detuvo Senaquerib y llegó Pesaj;
La mano del ángel ordenó la destrucción en Pesaj;
Mientras confiado estuvo ante la mesa servida en Pesaj;
Y dirán: Esta es la ofrenda de Pesaj.

Asamblea convocó Ester para ayunar tres días en Pesaj;
A Hamán el malvado aplastaste en el árbol de cincuenta pies en
Pesaj;
Trae estos dos instantes a tu enemigos en Pesaj;
Fortalecida Tu mano como la noche de santificación de Pesaj;
Y dirán: Esta es la ofrenda de Pesaj.

---

y se convierte en la narrativa maestra a través de la cual entendemos quiénes somos y la historia de la que somos parte.

דְּלָתָיו דָּפַקְתָּ כְּחֹם הַיּוֹם בַּפֶּסַח
הִסְעִיד נוֹצְצִים עֻגוֹת מַצּוֹת בַּפֶּסַח
וְאֶל הַבָּקָר, רָץ זֵכֶר לְשׁוֹר עֵרֶךְ פֶּסַח
וַאֲמַרְתֶּם זֶבַח פֶּסַח

זֹעֲמוּ סְדוֹמִים, וְלֹהֲטוּ בָּאֵשׁ בַּפֶּסַח
חֻלַּץ לוֹט מֵהֶם, וּמַצּוֹת אָפָה בְּקֵץ פֶּסַח
טִאטֵאתָ אַדְמַת מֹף וְנֹף בְּעָבְרְךָ בַּפֶּסַח
וַאֲמַרְתֶּם זֶבַח פֶּסַח

יָהּ, רֹאשׁ כָּל אוֹן מָחַצְתָּ בְּלֵיל שִׁמּוּר פֶּסַח
כַּבִּיר, עַל בֵּן בְּכוֹר פָּסַחְתָּ בְּדַם פֶּסַח
לְבִלְתִּי תֵּת מַשְׁחִית לָבֹא בִּפְתָחַי בַּפֶּסַח
וַאֲמַרְתֶּם זֶבַח פֶּסַח

מְסֻגֶּרֶת סֻגָּרָה בְּעִתּוֹתֵי פֶּסַח
נִשְׁמְדָה מִדְיָן בִּצְלִיל שְׂעוֹרֵי עֹמֶר פֶּסַח
שֹׂרְפוּ מִשְׁמַנֵּי פּוּל וְלוּד, בִּיקַד יְקוֹד פֶּסַח
וַאֲמַרְתֶּם זֶבַח פֶּסַח

עוֹד הַיּוֹם בְּנֹב לַעֲמֹד, עַד גָּעָה עוֹנַת פֶּסַח
פַּס יָד כָּתְבָה לְקַעֲקֵעַ צוּל בַּפֶּסַח
צָפֹה הַצָּפִית עָרוֹךְ הַשֻּׁלְחָן בַּפֶּסַח
וַאֲמַרְתֶּם זֶבַח פֶּסַח

קָהָל כִּנְּסָה הֲדַסָּה, צוֹם לְשַׁלֵּשׁ בַּפֶּסַח
רֹאשׁ מִבֵּית רָשָׁע מָחַצְתָּ בְּעֵץ חֲמִשִּׁים בַּפֶּסַח
שְׁתֵּי אֵלֶּה, רֶגַע תָּבִיא לְעוּצִית בַּפֶּסַח
תָּעֹז יָדְךָ, תָּרוּם יְמִינְךָ, כְּלֵיל הִתְקַדֵּשׁ חַג פֶּסַח
וַאֲמַרְתֶּם זֶבַח פֶּסַח

manera, el tiempo mismo se entrelaza en un texto cuyo tema (exilio, sufrimiento, redención, libertad, retorno) está inscrito en la estructura de la historia judía

כִּי לוֹ יָאֶה PORQUE A ÉL ADORAN;

Poderoso en el Reino Elegido de buena ley; Sus legiones dirán:
A Ti y para Ti, y solamente para Ti, a Ti, SEÑOR, el Reino. *1 Cr. 29*
¡PORQUE A ÉL ADORAN! ¡PORQUE A ÉL ALABAN!

Ilustre es Su Reino Espléndido de buena ley; Los devotos le dirán:
A Ti y para Ti, y solamente para Ti, a Ti, SEÑOR, el Reino.
¡PORQUE A ÉL ADORAN! ¡PORQUE A ÉL ALABAN!

Recto es Su Reino Fuerte de buena ley; Sus príncipes le dirán:
A Ti y para Ti, y solamente para Ti, a Ti, SEÑOR, el Reino.
¡PORQUE A ÉL ADORAN! ¡PORQUE A ÉL ALABAN!

Único en el Reino Vigoroso de buena ley; Sus estudiosos le dirán
A Ti y para Ti, y solamente para Ti, a Ti, SEÑOR, el Reino.
¡PORQUE A ÉL ADORAN! ¡PORQUE A ÉL ALABAN!

Rey en el Reino Temible de buena ley; Los que le rodean dirán:
A Ti y para Ti, y solamente para Ti, a Ti, SEÑOR, el Reino.
¡PORQUE A ÉL ADORAN! ¡PORQUE A ÉL ALABAN!

Modesto en el Reino Redentor de buena ley; Sus justos le dirán:
A Ti y para Ti, y solamente para Ti, a Ti, SEÑOR, el Reino.
¡PORQUE A ÉL ADORAN! ¡PORQUE A ÉL ALABAN!

Santo en el Reino Misericordioso de buena ley; Sus ángeles le dirán:
A Ti y para Ti, y solamente para Ti a Ti, SEÑOR, el Reino.
¡PORQUE A ÉL ADORAN! ¡PORQUE A ÉL ALABAN!

(Sal. 74:16), "Tuyos son los cielos, Tuya también la tierra" (*ibíd.* 89:12), "Tuya es, SEÑOR, la grandeza y el poder" (I Cr., 29:11), "Porque esto se Te debe" (Jer. 10:7). Según Abrabanel, la repetición séptuple de la palabra *Lejá* representa los siete cielos, las siete constelaciones y los siete días de la semana. También puede ser una referencia a las siete ocasiones donde la palabra *Lejá* se usa en la Biblia para indicar que solo a Dios pertenecen la fuerza y la alabanza. Las palabras iniciales, *Adir bimelujá,* "Poderoso en el reinado", pueden haber sugerido un vínculo con Pesaj, porque fue entonces, con la derrota del faraón, que la soberanía de

◂ Dios sobre

כִּי לוֹ נָאֶה, כִּי לוֹ יָאֶה

אַדִּיר בִּמְלוּכָה בָּחוּר כַּהֲלָכָה גְּדוּדָיו יֹאמְרוּ לוֹ
לְךָ וּלְךָ, לְךָ כִּי לְךָ, לְךָ אַף לְךָ, לְךָ יהוה הַמַּמְלָכָה
כִּי לוֹ נָאֶה, כִּי לוֹ יָאֶה

דברי הימים א׳ כט

דָּגוּל בִּמְלוּכָה הָדוּר כַּהֲלָכָה וָתִיקָיו יֹאמְרוּ לוֹ
לְךָ וּלְךָ, לְךָ כִּי לְךָ, לְךָ אַף לְךָ, לְךָ יהוה הַמַּמְלָכָה
כִּי לוֹ נָאֶה, כִּי לוֹ יָאֶה

זַכַּאי בִּמְלוּכָה חָסִין כַּהֲלָכָה טַפְסְרָיו יֹאמְרוּ לוֹ
לְךָ וּלְךָ, לְךָ כִּי לְךָ, לְךָ אַף לְךָ, לְךָ יהוה הַמַּמְלָכָה
כִּי לוֹ נָאֶה, כִּי לוֹ יָאֶה

יָחִיד בִּמְלוּכָה כַּבִּיר כַּהֲלָכָה לִמּוּדָיו יֹאמְרוּ לוֹ
לְךָ וּלְךָ, לְךָ כִּי לְךָ, לְךָ אַף לְךָ, לְךָ יהוה הַמַּמְלָכָה
כִּי לוֹ נָאֶה, כִּי לוֹ יָאֶה

מֶלֶךְ בִּמְלוּכָה נוֹרָא כַּהֲלָכָה סְבִיבָיו יֹאמְרוּ לוֹ
לְךָ וּלְךָ, לְךָ כִּי לְךָ, לְךָ אַף לְךָ, לְךָ יהוה הַמַּמְלָכָה
כִּי לוֹ נָאֶה, כִּי לוֹ יָאֶה

עָנָו בִּמְלוּכָה פּוֹדֶה כַּהֲלָכָה צַדִּיקָיו יֹאמְרוּ לוֹ
לְךָ וּלְךָ, לְךָ כִּי לְךָ, לְךָ אַף לְךָ, לְךָ יהוה הַמַּמְלָכָה
כִּי לוֹ נָאֶה, כִּי לוֹ יָאֶה

קָדוֹשׁ בִּמְלוּכָה רַחוּם כַּהֲלָכָה שִׁנְאַנָּיו יֹאמְרוּ לוֹ
לְךָ וּלְךָ, לְךָ כִּי לְךָ, לְךָ אַף לְךָ, לְךָ יהוה הַמַּמְלָכָה
כִּי לוֹ נָאֶה, כִּי לוֹ יָאֶה

A TI Y PARA TI

Este poema, que, como los otros que siguen, no tiene una conexión específica con Pesaj, puede haber sido compuesto por el rabino Jacob Jazán de Londres. Aparece en su trabajo Etz Jayim. Está construido alrededor de la palabra *Lejá*, "Tuyo", como en frases bíblicas como "Tuyo es el día, Tuya también es la noche"

Poderoso en el Reino / Sostenedor de buena ley; / Sus fieles le dirán:
A Ti y para Ti, y solamente para Ti, a Ti, SEÑOR, el Reino.
¡PORQUE A ÉL ADORAN! ¡PORQUE A ÉL ALABAN!

NIRTZÁ / DESPEDIDA

חֲסַל סִדּוּר פֶּסַח La ceremonia del Seder llegó a su fin como corresponde
de acuerdo a todas sus preceptos y costumbres.
Así como hemos tenido el mérito de prepararlo hoy,
merezcamos hacerlo en el futuro.
Justo, el que mora en los cielos.
Eleva a la comunidad judía y engrandécela.
Y lleva pronto los retoños de Israel,
libres, a Sion, con cánticos de alegría.

¡EL AÑO PRÓXIMO EN JERUSALÉN!

El que contempla a los judíos dispersos sobre la faz de la tierra, de acuerdo con la Palabra de Dios, se detiene y se maravilla. Pero se sorprenderá, como en un milagro, de encontrarlos todavía en Jerusalén y percibirá incluso que quienes en ley y justicia son los amos de Judea, viven como esclavos y extraños en su propia tierra; y cómo, a pesar de todos los abusos, esperan al rey que los librará".

Al señalar cómo ésta "pequeña nación" había sobrevivido mientras los grandes imperios que buscaban su destrucción habían desaparecido, agregó: "Si hay algo entre las naciones del mundo marcado con el sello de lo milagroso, este, en nuestra opinión, es el milagro".

Se dice que Napoleón, al pasar una sinagoga en Tishá Beav, fue sorprendido por el sonido del lamento proveniente del edificio. "¿Qué?", indagó a uno de sus oficiales, "¿por qué están llorando los judíos?". "Por Jerusalén", fue la respuesta. "¿Hace cuánto tiempo perdieron Jerusalén?". "Hace más de mil setecientos años". Napoleón guardó silencio por un momento y luego dijo: "Un pueblo que puede recordar a Jerusalén por tanto tiempo algún día la restaurará". Ha sucedido en nuestro tiempo.

LA CEREMONIA DEL SEDER LLEGÓ A SU FIN COMO CORRESPONDE
Este pasaje, concluyendo el Seder e invocando para que podamos celebrarlo nuevamente en el futuro, está tomado de un poema litúrgico (*kerová*) compuesto por el rabino Yosef Tov Elem en el siglo XI. Originalmente se recitaba en

תַּקִּיף בִּמְלוּכָה תּוֹמֵךְ כַּהֲלָכָה תְּמִימָיו יֹאמְרוּ לוֹ
לְךָ וּלְךָ, לְךָ כִּי לְךָ, לְךָ אַף לְךָ, לְךָ יהוה הַמַּמְלָכָה
כִּי לוֹ נָאֶה, כִּי לוֹ יָאֶה

חֲסַל סִדּוּר פֶּסַח כְּהִלְכָתוֹ, כְּכָל מִשְׁפָּטוֹ וְחֻקָּתוֹ
כַּאֲשֶׁר זָכִינוּ לְסַדֵּר אוֹתוֹ, כֵּן נִזְכֶּה לַעֲשׂוֹתוֹ
זָךְ שׁוֹכֵן מְעוֹנָה, קוֹמֵם קְהַל עֲדַת מִי מָנָה
קָרֵב נַהֵל נִטְעֵי כַנָּה, פְּדוּיִם לְצִיּוֹן בְּרִנָּה.

לְשָׁנָה הַבָּאָה בִּירוּשָׁלָיִם הַבְּנוּיָה.

Dios sobre todos los poderes humanos quedó demostrada por primera vez y establecida como un principio de fe.

EL AÑO PRÓXIMO EN JERUSALÉN

Al igual que al concluir Yom Kipur, así aquí, los dos momentos supremos del año judío, imploramos *Leshaná Habá biYerushalayim Habenuyá,* "El próximo año en Jerusalén reconstruida". Nada en el imaginario de los pueblos de todo el mundo se compara al amor judío y al apego a Jerusalén. Un salmo registra, en palabras inolvidables, los sentimientos de los exiliados judíos a Babilonia hace dos mil quinientos años: "Junto a los ríos de Babilonia nos sentamos y lloramos, acordándonos de Sión… ¿Cómo cantaremos las canciones del Señor en tierra de extraños? Si me olvido de ti, oh Jerusalén, que mi mano derecha olvide su destreza. Mi lengua se pegue al paladar si no te recuerdo, si no ensalzo a Jerusalén como principal motivo de mi alegría" (Salmos 137:1–6).

Dondequiera que estuvieran los judíos, conservaban la memoria de Jerusalén. Rezaron en dirección a ella. Hablaban de ella continuamente. En las bodas rompieron un vaso en su memoria. En Tishá Beav se sentaron y lloraron su destrucción como si fuera una tragedia reciente. La anhelaban con un amor imperecedero.

El historiador francés François-René Chateaubriand, que visitó Jerusalén a principios del siglo XIX, se conmovió al ver por primera vez a la pequeña comunidad judía allí, esperando pacientemente al Mesías. "Este pueblo", escribió, "ha visto a Jerusalén destruida diecisiete veces, pero no existe nada en el mundo que pueda desalentarla o evitar que levante sus ojos hacia Sion.

Fuera de Israel, la cuenta del Omer comienza la segunda noche de la fiesta

בָּרוּךְ Bendito Seas Tú, SEÑOR nuestro Dios, Rey del Universo
Que nos consagraste a través de tus preceptos,
Y nos ordenaste realizar la cuenta del Omer.
Hoy es el primer día del Omer.

אַדִּיר הוּא PODEROSO ES

Él construirá Su casa,
pronto en nuestros días.
SEÑOR construye, SEÑOR edifica.
Edifica Tu casa pronto.

Bendito es, grande es, ilustre es,
esplendido es, fidedigno es, justo es,
benigno es, puro es, único es,
recio es, sabio es, rey es,
tremendo es, ensalzado es, enérgico es,
redentor es, bondadoso es, santo es,
clemente es, poderoso es, potente es

Él construirá Su casa,
pronto en nuestros días.
SEÑOR construye, SEÑOR edifica.
EDIFICA TU CASA PRONTO.

PODEROSO ES
Esta canción, cantada en Aviñón medieval en todos los festivales, ingresó a la Hagadá en el siglo XIV. Expresa la tradición de que, aunque el primer y segundo Templo fueron construidos por manos humanas y luego fueron destruidos, el tercero será construido por Dios mismo y perdurará para siempre.

Fuera de ארץ ישראל, la cuenta del עומר comienza la segunda noche de la fiesta.

בָּרוּךְ אַתָּה יהוה אֱלֹהֵינוּ מֶלֶךְ הָעוֹלָם
אֲשֶׁר קִדְּשָׁנוּ בְּמִצְוֹתָיו, וְצִוָּנוּ עַל סְפִירַת הָעֹמֶר.
הַיּוֹם יוֹם אֶחָד בָּעֹמֶר.

אַדִּיר הוּא

יִבְנֶה בֵיתוֹ בְּקָרוֹב
בִּמְהֵרָה בִּמְהֵרָה, בְּיָמֵינוּ בְּקָרוֹב
אֵל בְּנֵה אֵל בְּנֵה בְּנֵה בֵיתְךָ בְּקָרוֹב

בָּחוּר הוּא גָּדוֹל הוּא דָּגוּל הוּא
הָדוּר הוּא וָתִיק הוּא זַכַּאי הוּא
חָסִיד הוּא טָהוֹר הוּא יָחִיד הוּא
כַּבִּיר הוּא לָמוּד הוּא מֶלֶךְ הוּא
נוֹרָא הוּא סַגִּיב הוּא עִזּוּז הוּא
פּוֹדֶה הוּא צַדִּיק הוּא קָדוֹשׁ הוּא
רַחוּם הוּא שַׁדַּי הוּא תַּקִּיף הוּא

יִבְנֶה בֵיתוֹ בְּקָרוֹב
בִּמְהֵרָה בִּמְהֵרָה, בְּיָמֵינוּ בְּקָרוֹב
אֵל בְּנֵה אֵל בְּנֵה
בְּנֵה בֵיתְךָ בְּקָרוֹב

---

la sinagoga en Shabat Hagadol, el Shabat que precede a Pesaj, para concluir un detallado relato de las leyes de Pesaj, y fue transferido a la Hagadá en el siglo XIV.

אֶחָד מִי יוֹדֵעַ ¿QUIÉN SABE UNO?

Uno yo sé.
Uno es nuestro dios en el cielo y en la tierra.

¿Quién sabe dos?
Dos yo sé.
Dos son las Tablas de la Ley.
Uno es nuestro Dios en el cielo y en la tierra.

¿Quién sabe tres?
Tres yo sé.
Tres son nuestros padres Abraham, Isaac y Jacob.
Dos son las Tablas de la Ley.
Uno es nuestro Dios en el cielo y en la tierra.

¿Quién sabe cuatro?
Cuatro yo sé.
Cuatro son nuestras madres Sara, Rebeca, Raquel y Lea.
Tres son nuestros padres.
Dos son las Tablas de la Ley.
Uno es nuestro Dios en el cielo y en la tierra.

"¿Quién sabe uno?" es casi seguramente una canción que proviene originalmente del aula y evoca el notable mundo de la educación judía en un momento en que el resto de Europa estaba sumido en gran medida en la ignorancia y el analfabetismo. Donde quiera que fueran, los judíos construían escuelas, a menudo apoyadas por impuestos comunales, para garantizar que cada niño tuviera educación. A principios de la Edad Media, un alumno del gran pensador cristiano Abelardo observó: "Un judío, por pobre que sea, si tiene diez hijos, enseñará a todos las letras, no para obtener ganancias como lo hacen los cristianos, sino para comprender la ley de Dios" —y no solo a sus hijos sino también a sus hijas".

La historia de la educación judía es única. Más de mil años antes de la Era Común, en el período de los jueces, leemos cómo Gedeón habló con un joven que conoció en la ciudad de Sucot y le pidió que escribiera los nombres de los ancianos de la ciudad. Lo hizo, produciendo una lista de setenta y siete nombres (Jueces 8:14). El episodio sugiere que ya hace tres mil años la alfabetización universal era normal entre los judíos, pero no se convirtió en una característica de Europa, sino hasta finales del siglo XIX.

◄ ¿Quién

אֶחָד מִי יוֹדֵעַ

אֶחָד אֲנִי יוֹדֵעַ
אֶחָד אֱלֹהֵינוּ שֶׁבַּשָּׁמַיִם וּבָאָרֶץ

שְׁנַיִם מִי יוֹדֵעַ
שְׁנַיִם אֲנִי יוֹדֵעַ
שְׁנֵי לוּחוֹת הַבְּרִית
אֶחָד אֱלֹהֵינוּ שֶׁבַּשָּׁמַיִם וּבָאָרֶץ

שְׁלוֹשָׁה מִי יוֹדֵעַ
שְׁלוֹשָׁה אֲנִי יוֹדֵעַ
שְׁלוֹשָׁה אָבוֹת
שְׁנֵי לוּחוֹת הַבְּרִית
אֶחָד אֱלֹהֵינוּ שֶׁבַּשָּׁמַיִם וּבָאָרֶץ

אַרְבַּע מִי יוֹדֵעַ
אַרְבַּע אֲנִי יוֹדֵעַ
אַרְבַּע אִמָּהוֹת
שְׁלוֹשָׁה אָבוֹת   שְׁנֵי לוּחוֹת הַבְּרִית
אֶחָד אֱלֹהֵינוּ שֶׁבַּשָּׁמַיִם וּבָאָרֶץ

¿QUIÉN SABE UNO?

Esta canción, así como la de "Un cabrito", aparece por primera vez en la Hagadá de Praga, aunque hay evidencia de que fue conocida y cantada varios siglos antes. En Aviñón medieval se cantaba en la fiesta de Sucot. En Cochín se cantaba en bodas, probablemente traída a la India por comerciantes judíos españoles o portugueses. En esto, como en muchas otras adiciones medievales a la Hagadá, podemos rastrear la propagación de las costumbres de una parte del mundo judío a otras, testimonio del hecho de que, aunque estaban dispersas en una época en que los viajes internacionales eran raros y peligrosos, los judíos de todo el mundo mantuvieron contacto entre ellos y se vieron a sí mismos como un pueblo global.

¿Quién sabe cinco?
Cinco yo sé.
Cinco libros de la Torá.
Cuatro son nuestras madres.
Tres son nuestros padres. Dos son las Tablas de la Ley.
Uno es nuestro Dios en el cielo y en la tierra.

¿Quién sabe seis?
Seis yo sé.
Seis son los tratados de la Mishná.
Cinco libros de la Torá. Cuatro son nuestras madres.
Tres son nuestros padres. Dos son las Tablas de la Ley.
Uno es nuestro Dios en el cielo y en la tierra.

¿Quién sabe siete?
Siete yo sé.
Siete son los días de la semana.
Seis son los tratados de la Mishná. Cinco libros de la Torá.
Cuatro son nuestras madres. Tres son nuestros padres.
Dos son las Tablas de la Ley.
Uno es nuestro Dios en el cielo y en la tierra.

¿Quién sabe ocho?
Ocho yo sé.
Ocho son los días para la circuncisión.
Siete son los días de la semana.
Seis son los tratados de la Mishná.
Cinco libros de la Torá. Cuatro son nuestras madres.
Tres son nuestros padres. Dos son las Tablas de la Ley.
Uno es nuestro Dios en el cielo y en la tierra.

"¿Quién sabe uno?" es probablemente la canción a través de la cual se enseñó a los niños judíos a contar, y sugiere que incluso la instrucción secular, como la aritmética, tenía un significado religioso. Cada uno de los números tenía su significado en la vida espiritual del judaísmo. Una descripción encantadora ha sobrevivido de Ashkenaz medieval, donde se compuso esta canción, sobre cómo trajeron a un niño judío para su primer día en la escuela:

◂ Escriben

חֲמִשָּׁה מִי יוֹדֵעַ
חֲמִשָּׁה אֲנִי יוֹדֵעַ
חֲמִשָּׁה חֻמְשֵׁי תוֹרָה
אַרְבַּע אִמָּהוֹת שְׁלוֹשָׁה אָבוֹת שְׁנֵי לוּחוֹת הַבְּרִית
אֶחָד אֱלֹהֵינוּ שֶׁבַּשָּׁמַיִם וּבָאָרֶץ

שִׁשָּׁה מִי יוֹדֵעַ
שִׁשָּׁה אֲנִי יוֹדֵעַ
שִׁשָּׁה סִדְרֵי מִשְׁנָה
חֲמִשָּׁה חֻמְשֵׁי תוֹרָה אַרְבַּע אִמָּהוֹת שְׁלוֹשָׁה אָבוֹת
שְׁנֵי לוּחוֹת הַבְּרִית
אֶחָד אֱלֹהֵינוּ שֶׁבַּשָּׁמַיִם וּבָאָרֶץ

שִׁבְעָה מִי יוֹדֵעַ
שִׁבְעָה אֲנִי יוֹדֵעַ
שִׁבְעָה יְמֵי שַׁבַּתָּא
שִׁשָּׁה סִדְרֵי מִשְׁנָה חֲמִשָּׁה חֻמְשֵׁי תוֹרָה
אַרְבַּע אִמָּהוֹת שְׁלוֹשָׁה אָבוֹת שְׁנֵי לוּחוֹת הַבְּרִית
אֶחָד אֱלֹהֵינוּ שֶׁבַּשָּׁמַיִם וּבָאָרֶץ

שְׁמוֹנָה מִי יוֹדֵעַ
שְׁמוֹנָה אֲנִי יוֹדֵעַ
שְׁמוֹנָה יְמֵי מִילָה
שִׁבְעָה יְמֵי שַׁבַּתָּא שִׁשָּׁה סִדְרֵי מִשְׁנָה
חֲמִשָּׁה חֻמְשֵׁי תוֹרָה אַרְבַּע אִמָּהוֹת שְׁלוֹשָׁה אָבוֹת
שְׁנֵי לוּחוֹת הַבְּרִית
אֶחָד אֱלֹהֵינוּ שֶׁבַּשָּׁמַיִם וּבָאָרֶץ

¿Quién sabe Nueve?
Nueve yo sé.
Nueve los meses de la gestación.
Ocho son los días para la circuncisión.
Siete son los días de la semana. Seis son los tratados de la Mishná.
Cinco libros de la Torá. Cuatro son nuestras madres.
Tres son nuestros padres. Dos son las Tablas de la Ley.
Uno es nuestro Dios en el cielo y en la tierra.

¿Quién sabe diez?
Diez yo sé.
Diez son los mandamientos.
Nueve los meses de la gestación.
Ocho son los días para la circuncisión.
Siete son los días de la semana. Seis son los tratados de la Mishná.
Cinco libros de la Torá. Cuatro son nuestras madres.
Tres son nuestros padres. Dos son las Tablas de la Ley.
Uno es nuestro Dios en el cielo y en la tierra.

¿Quién sabe once?
Once yo sé.
Once son las estrellas de Yosef.
Diez son los mandamientos. Nueve los meses de la gestación.
Ocho son los días para la circuncisión.
Siete son los días de la semana.
Seis son los tratados de la Mishná. Cinco libros de la Torá.
Cuatro son nuestras madres. Tres son nuestros padres.
Dos son las Tablas de la Ley.
Uno es nuestro Dios en el cielo y en la tierra.

Escriben las letras del alfabeto hebreo en una pizarra para él; y lo lavan y lo visten con ropa limpia, y le amasan tres panes de trigo fino con miel... Y le hierven tres huevos y le traen manzanas y otros tipos de fruta, y buscan un sabio digno para llevarlo a la escuela. Lo cubren con un chal de oración y lo llevan a la sinagoga, donde lo alimentan con los panes de miel, huevos y frutas; y le leen los textos. Después de eso, cubren la pizarra con miel y le dicen que la lama. Luego lo llevan de regreso a su madre (*Majzor Vitri,* 508).

◂ La ceremonia

תִּשְׁעָה מִי יוֹדֵעַ
תִּשְׁעָה אֲנִי יוֹדֵעַ
תִּשְׁעָה יַרְחֵי לֵדָה
שְׁמוֹנָה יְמֵי מִילָה שִׁבְעָה יְמֵי שַׁבַּתָּא
שִׁשָּׁה סִדְרֵי מִשְׁנָה חֲמִשָּׁה חֻמְשֵׁי תוֹרָה
אַרְבַּע אִמָּהוֹת שְׁלוֹשָׁה אָבוֹת שְׁנֵי לוּחוֹת הַבְּרִית
אֶחָד אֱלֹהֵינוּ שֶׁבַּשָּׁמַיִם וּבָאָרֶץ

עֲשָׂרָה מִי יוֹדֵעַ
עֲשָׂרָה אֲנִי יוֹדֵעַ
עֲשָׂרָה דִבְּרַיָּא
תִּשְׁעָה יַרְחֵי לֵדָה שְׁמוֹנָה יְמֵי מִילָה
שִׁבְעָה יְמֵי שַׁבַּתָּא שִׁשָּׁה סִדְרֵי מִשְׁנָה
חֲמִשָּׁה חֻמְשֵׁי תוֹרָה אַרְבַּע אִמָּהוֹת שְׁלוֹשָׁה אָבוֹת
שְׁנֵי לוּחוֹת הַבְּרִית
אֶחָד אֱלֹהֵינוּ שֶׁבַּשָּׁמַיִם וּבָאָרֶץ

אַחַד עָשָׂר מִי יוֹדֵעַ
אַחַד עָשָׂר אֲנִי יוֹדֵעַ
אַחַד עָשָׂר כּוֹכְבַיָּא
עֲשָׂרָה דִבְּרַיָּא תִּשְׁעָה יַרְחֵי לֵדָה
שְׁמוֹנָה יְמֵי מִילָה שִׁבְעָה יְמֵי שַׁבַּתָּא
שִׁשָּׁה סִדְרֵי מִשְׁנָה חֲמִשָּׁה חֻמְשֵׁי תוֹרָה
אַרְבַּע אִמָּהוֹת שְׁלוֹשָׁה אָבוֹת
שְׁנֵי לוּחוֹת הַבְּרִית
אֶחָד אֱלֹהֵינוּ שֶׁבַּשָּׁמַיִם וּבָאָרֶץ

¿Quién sabe doce?
Doce yo sé.
Doce son las tribus.
Once son las estrellas de Yosef. Diez son los mandamientos.
Nueve los meses de la gestación.
Ocho son los días para la circuncisión.
Siete son los días de la semana. Seis son los tratados de la Mishná.
Cinco libros de la Torá. Cuatro son nuestras madres.
Tres son nuestros padres. Dos son las Tablas de la Ley.
Uno es nuestro Dios en el cielo y en la tierra.

¿Quién sabe trece?
Trece yo sé.
Trece son los atributos de Dios
Doce son las tribus.
Once son las estrellas de Yosef.
Diez son los mandamientos.
Nueve los meses de la gestación.
Ocho son los días para la circuncisión.
Siete son los días de la semana.
Seis son los tratados de la Mishná.
Cinco libros de la Torá.
Cuatro son nuestras madres.
Tres son nuestros padres.
Dos son las Tablas de la Ley.

UNO ES NUESTRO DIOS EN EL CIELO Y EN LA TIERRA.

La ceremonia le transmitía gráficamente al niño que aprender era dulce, que toda la comunidad se regocijaba al comienzo de sus estudios, y al hacerlo estaba entrando en una vida que finalmente lo vería responsable de continuar con la tradición y transmitirla a sus hijos. Ninguna otra civilización ha comenzado la vida de aprendizaje con tan elevado drama religioso y de belleza tan simple. Cuando un niño pequeño era llevado por primera vez a la escuela, se decía en esos tiempos: “Es como si lo hubieran traído al Monte Sinaí”.

שְׁנֵים עָשָׂר מִי יוֹדֵעַ
שְׁנֵים עָשָׂר אֲנִי יוֹדֵעַ
שְׁנֵים עָשָׂר שִׁבְטַיָּא
אַחַד עָשָׂר כּוֹכְבַיָּא עֲשָׂרָה דִבְּרַיָּא
תִּשְׁעָה יַרְחֵי לֵדָה שְׁמוֹנָה יְמֵי מִילָה
שִׁבְעָה יְמֵי שַׁבַּתָּא שִׁשָּׁה סִדְרֵי מִשְׁנָה
חֲמִשָּׁה חֻמְשֵׁי תוֹרָה אַרְבַּע אִמָּהוֹת
שְׁלוֹשָׁה אָבוֹת שְׁנֵי לוּחוֹת הַבְּרִית
אֶחָד אֱלֹהֵינוּ שֶׁבַּשָּׁמַיִם וּבָאָרֶץ

שְׁלוֹשָׁה עָשָׂר מִי יוֹדֵעַ
שְׁלוֹשָׁה עָשָׂר אֲנִי יוֹדֵעַ
שְׁלוֹשָׁה עָשָׂר מִדַּיָּא
שְׁנֵים עָשָׂר שִׁבְטַיָּא
אַחַד עָשָׂר כּוֹכְבַיָּא
עֲשָׂרָה דִבְּרַיָּא
תִּשְׁעָה יַרְחֵי לֵדָה
שְׁמוֹנָה יְמֵי מִילָה
שִׁבְעָה יְמֵי שַׁבַּתָּא
שִׁשָּׁה סִדְרֵי מִשְׁנָה
חֲמִשָּׁה חֻמְשֵׁי תוֹרָה
אַרְבַּע אִמָּהוֹת
שְׁלוֹשָׁה אָבוֹת
שְׁנֵי לוּחוֹת הַבְּרִית

אֶחָד אֱלֹהֵינוּ שֶׁבַּשָּׁמַיִם וּבָאָרֶץ

חַד גַּדְיָא UN CABRITO

un cabrito
que compró mi padre por dos monedas.
Un cabrito. Un cabrito.

Y vino el gato y se comió al cabrito,
que compró mi padre por dos monedas.
Un cabrito. Un cabrito.

Y vino el perro y mordió al gato que se comió al cabrito,
que compró mi padre por dos monedas.
Un cabrito. Un cabrito.

Y vino el palo y pegó al perro que mordió al gato
que se comió al cabrito,
que compró mi padre por dos monedas.
Un cabrito. Un cabrito.

Y vino el fuego y quemó al palo que pegó al perro
que mordió al gato que se comió al cabrito,
que compró mi padre por dos monedas.
Un cabrito. Un cabrito.

La canción en sí, irresistible en su simplicidad, enseña la gran verdad de la esperanza judía: que, aunque muchas naciones (simbolizadas por el gato, el perro, etc.) atacaron a Israel (la "cabra"), cada una de ellas se desvaneció en el olvido. Al final de los días, Dios vencerá al ángel de la muerte e inaugurará un mundo de vida y paz, los dos grandes amores judíos.

Quizás, también, hay un simbolismo más profundo. El cabrito comido por el gato nos recuerda la historia de Yosef, vendido como esclavo. Sus hermanos luego mataron a un cabrito, sumergieron el abrigo de Yosef en su sangre y se lo mostraron a su padre para convencerlo de que Yosef había sido asesinado por un animal salvaje. Exteriormente, Jacob aceptó su historia. Sin embargo, la Torá dice que "se negó a ser consolado" (Gén. 37:55). La ley judía establece que hay un límite para el período de duelo. ¿Por qué, entonces, Jacob dijo que nunca sería consolado? Un profundo comentario rabínico explica que hay un límite de tiempo para el duelo solo cuando uno está seguro de que alguien ha muerto. Jacob, sin embargo, nunca dejó de creer que existía la posibilidad, por pequeña que fuera, de que Yosef todavía estuviera vivo. Su negativa a ser consolado fue

◂ una negativa

חַד גַּדְיָא חַד גַּדְיָא

דִּזְבַן אַבָּא בִּתְרֵי זוּזֵי
חַד גַּדְיָא חַד גַּדְיָא

וַאֲתָא שׁוּנְרָא וְאָכְלָה לְגַדְיָא
דִּזְבַן אַבָּא בִּתְרֵי זוּזֵי
חַד גַּדְיָא חַד גַּדְיָא

וַאֲתָא כַלְבָּא וְנָשַׁךְ לְשׁוּנְרָא דְּאָכְלָה לְגַדְיָא
דִּזְבַן אַבָּא בִּתְרֵי זוּזֵי
חַד גַּדְיָא חַד גַּדְיָא

וַאֲתָא חֻטְרָא וְהִכָּה לְכַלְבָּא דְּנָשַׁךְ לְשׁוּנְרָא
דְּאָכְלָה לְגַדְיָא
דִּזְבַן אַבָּא בִּתְרֵי זוּזֵי
חַד גַּדְיָא חַד גַּדְיָא

וַאֲתָא נוּרָא וְשָׂרַף לְחֻטְרָא דְּהִכָּה לְכַלְבָּא
דְּנָשַׁךְ לְשׁוּנְרָא דְּאָכְלָה לְגַדְיָא
דִּזְבַן אַבָּא בִּתְרֵי זוּזֵי
חַד גַּדְיָא חַד גַּדְיָא

UN CABRITO

El hecho de que terminemos uno de los rituales más sagrados del judaísmo con una canción infantil nos dice mucho sobre lo que sostuvo el judaísmo como fe durante más tiempo, en circunstancias más arduas que cualquier otra herencia en Occidente. El amor judío por los niños significa que los judíos esperan el futuro aún más de lo que miramos al pasado. Así como comenzamos el Seder con las preguntas de un niño, así lo concluimos con una canción de cuna, recordándonos que lo que sostiene una fe no es la fuerza o el poder, sino su capacidad de inspirar a las sucesivas generaciones de niños a agregar sus voces a la canción de su pueblo.

Y vino el agua y apagó el fuego que quemó al palo
que pegó al perro que mordió al gato que se comió al cabrito,
que compró mi padre por dos monedas.
Un cabrito. Un cabrito.

Y vino el toro y se bebió el agua que apagó el fuego
que quemó al palo que pegó al perro
que mordió al gato que se comió al cabrito,
que compró mi padre por dos monedas.
Un cabrito. Un cabrito.

Y vino el shojet y degolló al toro que se bebió el agua
que apagó el fuego que quemó al palo que pegó al perro
que mordió al gato que se comió al cabrito,
que compró mi padre por dos monedas.
Un cabrito. Un cabrito.

Y vino el Ángel de la Muerte y mató al shojet que degolló al toro
que se bebió el agua que apagó el fuego que quemó al palo
que pegó al perro que mordió al gato que se comió al cabrito,
que compró mi padre por dos monedas.
Un cabrito. Un cabrito.

Y vino el Santo Bendito, y eliminó al Ángel de la Muerte
que mató al shojet que degolló al toro que se bebió el agua
que apagó el fuego que quemó al palo que pegó al perro
que mordió al gato que se comió al cabrito
que compró mi padre por dos monedas.
UN CABRITO. UN CABRITO.

---

una negativa a perder la esperanza, y al final se justificó. Yosef todavía estaba vivo, y él y su padre se reunieron finalmente.

Jad Gadya expresa la negación judía de perder la esperanza. Aunque la historia está llena de la inhumanidad del hombre hacia el hombre —el perro muerde al gato, el palo golpea al perro—, ese no es el verso final. La Hagadá termina con la muerte de la muerte en la vida eterna, un final apropiado para la historia de un pueblo dedicado al gran mandato de Moisés, "Elegirás la vida" (Deut. 30:19).

וַאֲתָא מַיָּא וְכָבָה לְנוּרָא דְּשָׂרַף לְחֻטְרָא דְּהִכָּה לְכַלְבָּא
דְּנָשַׁךְ לְשׁוּנְרָא דְּאָכְלָה לְגַדְיָא
דִּזְבַן אַבָּא בִּתְרֵי זוּזֵי
חַד גַּדְיָא חַד גַּדְיָא

וַאֲתָא תוֹרָא וְשָׁתָה לְמַיָּא דְּכָבָה לְנוּרָא דְּשָׂרַף לְחֻטְרָא
דְּהִכָּה לְכַלְבָּא דְּנָשַׁךְ לְשׁוּנְרָא דְּאָכְלָה לְגַדְיָא
דִּזְבַן אַבָּא בִּתְרֵי זוּזֵי
חַד גַּדְיָא חַד גַּדְיָא

וַאֲתָא הַשּׁוֹחֵט וְשָׁחַט לְתוֹרָא דְּשָׁתָא לְמַיָּא דְּכָבָה לְנוּרָא
דְּשָׂרַף לְחֻטְרָא דְּהִכָּה לְכַלְבָּא דְּנָשַׁךְ לְשׁוּנְרָא
דְּאָכְלָה לְגַדְיָא
דִּזְבַן אַבָּא בִּתְרֵי זוּזֵי
חַד גַּדְיָא חַד גַּדְיָא

וַאֲתָא מַלְאַךְ הַמָּוֶת וְשָׁחַט לְשׁוֹחֵט דְּשָׁחַט לְתוֹרָא
דְּשָׁתָא לְמַיָּא דְּכָבָה לְנוּרָא דְּשָׂרַף לְחֻטְרָא
דְּהִכָּה לְכַלְבָּא דְּנָשַׁךְ לְשׁוּנְרָא דְּאָכְלָה לְגַדְיָא
דִּזְבַן אַבָּא בִּתְרֵי זוּזֵי
חַד גַּדְיָא חַד גַּדְיָא

וַאֲתָא הַקָּדוֹשׁ בָּרוּךְ הוּא וְשָׁחַט לְמַלְאַךְ הַמָּוֶת
דְּשָׁחַט לְשׁוֹחֵט דְּשָׁחַט לְתוֹרָא דְּשָׁתָא לְמַיָּא
דְּכָבָה לְנוּרָא דְּשָׂרַף לְחֻטְרָא דְּהִכָּה לְכַלְבָּא
דְּנָשַׁךְ לְשׁוּנְרָא דְּאָכְלָה לְגַדְיָא
דִּזְבַן אַבָּא בִּתְרֵי זוּזֵי
חַד גַּדְיָא חַד גַּדְיָא

מגיד
MAGGID